Grammatik & Wortschatz
Französisch
ganz leicht

Wortschatz: Albert Raasch
Grammatik: Valérie Domes

Hueber Verlag

Das Werk und seine Teile sind urheberrechtlich geschützt.
Jede Verwertung in anderen als den gesetzlich zugelassenen
Fällen bedarf deshalb der vorherigen schriftlichen
Einwilligung des Verlags.

Hinweis zu § 52a UrhG: Weder das Werk noch seine Teile dürfen ohne
eine solche Einwilligung überspielt, gespeichert und in ein Netzwerk
eingespielt werden. Dies gilt auch für Intranets von Firmen und von Schulen
und sonstigen Bildungseinrichtungen.

Eingetragene Warenzeichen oder Marken sind Eigentum des jeweiligen Zeichen-
bzw. Markeninhabers, auch dann, wenn diese nicht gekennzeichnet sind.
Es ist jedoch zu beachten, dass weder das Vorhandensein noch das Fehlen derartiger
Kennzeichnungen die Rechtslage hinsichtlich dieser gewerblichen Schutzrechte berührt.

3.	2.	1.		Die letzten Ziffern
2016	15	14	13	12	bezeichnen Zahl und Jahr des Druckes.

Alle Drucke dieser Auflage können, da unverändert,
nebeneinander benutzt werden.
1. Auflage
© 2012 Hueber Verlag GmbH & Co. KG, 85737 Ismaning, Deutschland
Umschlaggestaltung: creative partners gmbh, München
Umschlagfoto: © iStockphoto/franckreporter
Umschlagzeichnungen: © Adrian Sonnberger, www.die-illustration.de
Layout: Holger Latzel und Sarah-Vanessa Schäfer, Hueber Verlag, Ismaning (Grammatik)
Satz: Satz + Layout Fruth GmbH, München (Wortschatz), Memminger MedienCentrum AG,
      Memmingen (Grammatik)
Druck und Bindung: Auer Buch + Medien GmbH, Donauwörth
Printed in Germany
ISBN 978-3-19-109496-6

Inhalt

Alphabetische Wortliste 5

Anhang

Länder 134

Jahreszeiten 135

Monate 135

Wochentage 135

Zahlen 136

Lautumschrift 138

Grammatik im Überblick 139

Vorwort

Diese Zusammenstellung französischer Wörter und Ausdrücke bildet das sichere Fundament, das man im Französischen zunächst erlernen sollte und das sich bei einem späteren Weiterlernen ausbauen lässt. Die Auswahl der Vokabeln entspricht den Grundsätzen kommunikativer Kompetenz. Dazu gehören die folgenden Aspekte:

- Die Sprache hilft, sich den Sprechern einer anderen Sprache verständlich zu machen.
- Die Sprache lernt man, um sich mit den Sprechern der Zielsprache verständigen zu können.
- Um zwischenmenschliche Kontakte pflegen zu können, braucht man Grundkenntnisse der Sprache.
- Mit Hilfe der Sprachkenntnisse kann man das Land der Zielsprache entdecken.
- Sprache dient auch dazu, gemeinsam mit anderen Sprechern in interkultureller Begegnung Probleme zu bewältigen.

Diese Zielsetzungen lassen sich mit Hilfe der vorliegenden Liste zumindest ansatzweise erreichen. Die Kenntnis dieses Wortschatzes bildet die Orientierung für neue Lehrwerke des Französischen. Sie ist Gegenstand des Lehrens und Lernens in vielen Bereichen des Französischunterrichts.

Die Wortliste enthält eine Darstellung der Aussprache (nach der Schreibweise der Association Phonétique Internationale und mit einfachen Erklärungen), ferner zahlreiche Wortverbindungen und Übersetzungsvorschläge.

Die Zahl der Abkürzungen wurde zur Erleichterung der Benutzung möglichst klein gehalten:
(adj.) = Adjektiv, Eigenschaftswort
(adv.) = Adverb, Umstandswort
(f.) = feminin, weiblich
(m.) = maskulin, männlich
(pl.) = Plural, Mehrzahl

Die alphabetische Wortliste wird im Anhang durch Zusammenstellungen von Wortgruppen (Ländernamen, Jahreszeiten, Monate, Wochentage, Zahlen) sowie durch einen Grammatiküberblick und eine Erläuterung der Lautumschrift ergänzt.

A. R.

A

à, au, aux [a / o / o]
A samedi!
Je suis née à Troyes.
Son fils va au lycée.

zu, an, in, nach …
Bis Samstag / Sonnabend!
Ich bin in Troyes geboren.
Sein / Ihr Sohn geht ins Gymnasium.

d'abord [dabɔʀ]
Demande-lui d'abord son avis!

zuerst
Fragen Sie ihn / sie zuerst um seine / ihre Meinung!

absolument [apsɔlymɑ̃]
Je dois absolument vous parler.

durchaus, unbedingt
Ich muss Sie unbedingt sprechen.

acceptable [akseptabl]
C'est un prix acceptable.

annehmbar
Das ist ein annehmbarer Preis.

accepter [aksepte]
J'accepte volontiers votre invitation.

annehmen
Ich nehme Ihre Einladung gerne an.

  inacceptable [inakseptabl]
  Ces conditions de travail sont inacceptables.

unannehmbar
Diese Arbeitsbedingungen sind unannehmbar.

accident (m.) [aksidɑ̃]
Il a eu un accident de voiture.

Unfall
Er hat einen Autounfall gehabt.

accompagner [akɔ̃paɲe]
Tu peux accompagner Robert à la gare?

begleiten
Kannst du Robert zum Bahnhof bringen / begleiten?

  raccompagner [ʀakɔ̃paɲe]
  Je te raccompagne chez toi.

zurückbegleiten
Ich bringe dich nach Hause zurück.

d'accord [dakɔʀ]
C'est d'accord, je viens avec vous.

einverstanden
Einverstanden, ich komme mit Ihnen.

achat (m.) [aʃa]
Je fais mes achats au supermarché.

Beaucoup de gens font leurs achats sur internet.

Kauf
Ich kaufe im Supermarkt ein / mache meine Einkäufe im Supermarkt.
Viele Leute kaufen übers Internet.

acheter [aʃte]
Je voudrais acheter un magazine.

kaufen
Ich möchte eine Zeitschrift kaufen.

  racheter [ʀaʃte]
  Il faut racheter du pain.

wieder kaufen
Wir müssen wieder Brot kaufen / Brot nachkaufen.

actualités – affiche

actualités (f. pl.) [aktɥalite]
J'ai regardé les actualités à la télé.

Nachrichten
Ich habe die Nachrichten im Fernsehen gesehen.

actuel, -le [aktɥɛl]
Quel est son emploi actuel?

aktuell, gegenwärtig
Welche Stellung hat er / sie gegenwärtig / zur Zeit?

actuellement [aktɥɛlmɑ̃]
Ils habitent actuellement à Londres.

zur Zeit, gegenwärtig
Sie wohnen zur Zeit / gegenwärtig in London.

addition (f.) [adisjɔ̃]
Garçon, l'addition, s'il vous plaît!

Rechnung
Herr Ober, die Rechnung / zahlen, bitte!

administration (f.) [administʀasjɔ̃]
Elle travaille dans l'administration.

Verwaltung
Sie arbeitet in der Verwaltung.

admirable [admiʀabl]
C'est un homme admirable.

bewundernswert
Das ist ein bewundernswerter Mensch.

admirer [admiʀe]
J'admire son courage.

bewundern
Ich bewundere seinen / ihren Mut.

adorer [adoʀe]
J'adore la musique moderne.

bewundern, lieben, gerne haben
Ich liebe moderne Musik.

adresse (f.) [adʀɛs]
Pourriez-vous me donner votre adresse?

Adresse
Könnten Sie mir Ihre Adresse geben?

s'adresser à [sadʀesea]
Pour obtenir un nouveau passeport, adressez-vous au consulat.

sich wenden an
Wenn Sie einen neuen Pass wollen, wenden Sie sich bitte an das Konsulat.

adulte (m.) [adylt]
Quatre places: trois adultes et un enfant.

Erwachsener
Vier Plätze / Karten: drei Erwachsene und ein Kind.

aéroport (m.) [aeʀopɔʀ]
On ira le chercher à l'aéroport.

Flughafen
Wir holen ihn am Flughafen ab.

affaire (f.) [afɛʀ]
Ça, c'est une autre affaire.

Où as-tu mis tes affaires?

C'est un homme d'affaires.

Angelegenheit, Sache, Geschäft
Das allerdings ist eine andere Angelegenheit.
Wo hast du deine Sachen hingelegt / gelassen?
Das ist ein Geschäftsmann /
Er ist Geschäftsmann.

affiche (f.) [afiʃ]
La ville est pleine d'affiches publicitaires.

Plakat
Die Stadt ist voll von Werbeplakaten.

âge (m.) [aʒ]
Quel âge a-t-il?
Il y a des réductions pour les personnes du troisième âge.

Alter
Wie alt ist er? / Welches Alter hat er?
Für Senioren gibt es Ermäßigungen.

âgé, -e [aʒe]
Il est déjà assez âgé.

alt
Er ist schon ziemlich alt.

agence (f.) [aʒɑ̃s]
Il travaille dans une agence de voyage.

Agentur
Er arbeitet in einem Reisebüro.

agent (m.) de police [aʒɑ̃]
Adressez-vous à l'agent de police.

Polizist
Wenden Sie sich an / Fragen Sie den Polizisten.

s'agir de [saʒiʀdə]
De quoi s'agit-il?

sich handeln um, gehen um
Worum handelt es sich? / Worum geht es?

agneau (m.) [aɲo]
Je prendrai une côte d'agneau.

Lamm
Ich nehme ein Lammkotelett.

agréable [agʀeabl]
Vous avez passé des vacances agréables?

angenehm
Haben Sie schöne / angenehme Ferien verbracht?

  désagréable [dezagʀeabl]
  Mon patron est désagréable.

unangenehm
Mein Chef ist unangenehm.

agriculteur (m.), **agricultrice** (f.) [agʀikyltœʀ / agʀikyltʀis]
Profession: agriculteur

Landwirt, Landwirtin

Beruf: Landwirt

agriculture (f.) [agʀikyltyʀ]
Les ministres de l'agriculture vont se rencontrer à Bruxelles.

Landwirtschaft
Die Landwirtschaftsminister werden sich in Brüssel treffen.

aide (f.) [ɛd]
Vous avez besoin d'aide?

Hilfe
Brauchen Sie Hilfe?

aider [ede]
Je peux t'aider à faire la cuisine.

helfen
Ich kann dir beim Kochen helfen.

ailleurs [ajœʀ]
Je voudrais vivre ailleurs.

anderswo
Ich möchte anderswo wohnen / leben.

d'ailleurs [dajœʀ]
D'ailleurs je n'aime pas ça!

übrigens
Übrigens: Ich mag das nicht!

aimer [eme]
J'aime bien Paul.
J'aime beaucoup nager.
J'aimerais que vous veniez avec nous.

lieben
Ich habe Paul gern.
Ich gehe gerne schwimmen.
Ich möchte, dass Sie mit uns kommen.

ainsi – amener

ainsi [ɛ̃si]
Ainsi, vous avez décidé de divorcer?

so, also
Haben Sie sich also entschlossen, sich scheiden zu lassen?

air (m.) [ɛʀ]
A Paris, l'air est vraiment très pollué.

Tu as l'air triste. Qu'est-ce qui ne va pas?

Luft
In Paris ist die Luft wirklich sehr verschmutzt.
Du siehst traurig aus. Was ist los?

aire (f.) [ɛʀ]
Derrière la maison, il y a une aire de jeu.
Sur l'autoroute, il y a des aires de repos tous les 30 kilomètres.

Platz
Hinter dem Haus ist ein Spielplatz.
An der Autobahn gibt es alle 30 Kilometer einen Rastplatz.

ajouter [aʒute]
Vous n'avez plus rien à ajouter?
Ajoute encore un peu d'huile!

hinzufügen
Haben Sie dem nichts mehr hinzuzufügen?
Gib noch etwas Öl dazu!

alcool (m.) [alkɔl]
C'est une bière sans alcool.

Alkohol
Das ist ein alkoholfreies Bier.

aller [ale]
Dimanche, nous irons au cinéma.
Il va partir demain.
Le gris te va très bien.
Bonjour, ça va?
Allez, dépêche-toi!

gehen
Sonntag gehen wir ins Kino.
Er fährt morgen ab.
Grau steht dir sehr gut.
Guten Tag, wie geht's?
Los, beeil dich!

aller-retour (m.) [aleʀətuʀ]
Je voudrais un aller-retour pour Paris.

Hin- und Rückfahrt
Eine Rückfahrkarte Paris, bitte.

allô [alo]
Allô, je suis bien chez les Martin?

hallo
Hallo, ist dort die Familie Martin?

allumer [alyme]
Tu peux allumer la lumière?

anzünden
Kannst du das Licht anmachen?

allumettes (f. pl.) [alymɛt]
Ne laissez pas les enfants jouer avec des allumettes!

Streichhölzer
Lassen Sie / Lasst die Kinder nicht mit den Streichhölzern spielen!

alors [alɔʀ]
Alors, c'est d'accord?
Il n'est pas venu, alors je suis partie.

also, dann
Also: einverstanden?
Er ist nicht gekommen, also bin ich weggegangen / weggefahren.

amener [amne]
Elle a amené son chien.

bringen
Sie hat ihren Hund mitgebracht.

    ramener [ʀamne]
    Tu peux ramener du pain?

    zurückbringen
    Kannst du Brot mitbringen?

ami (m.), **amie** (f.) [ami / ami]
J'ai invité des amis pour mon anniversaire.

Freund, Freundin
Ich habe Freunde zu meinem Geburtstag eingeladen.

amicalement [amikalmã]
Amicalement [lettre]

herzlich, freundschaftlich
Mit herzlichen Grüßen

amitié (f.) [amitje]
Amitiés [lettre]

Freundschaft
Mit herzlichen Grüßen

amusant, -e [amyzã / amyzãt]
C'est un film très amusant.

lustig
Der Film ist sehr lustig / amüsant.

s'amuser [samyze]
Amusez-vous bien!

sich amüsieren
Viel Vergnügen!

an (m.) [ã]
Il a neuf ans.
J'ai travaillé ici pendant 5 ans.

Jahr
Er ist neun (Jahre alt).
Ich habe hier fünf Jahre lang gearbeitet.

ancien, -ne [ãsjɛ̃ / ãsjɛn]
Il a acheté une maison ancienne.

alt
Er hat ein altes Haus gekauft.

animal (m.) [animal]
J'aime beaucoup les animaux.

Tier
Ich habe Tiere sehr gern.

année (f.) [ane]
L'année prochaine, nous irons en Bretagne.
Bonne Année!

Jahr
Nächstes Jahr fahren wir in die Bretagne.

Gutes neues Jahr!

anniversaire (m.) [anivɛRsɛR]
C'est notre anniversaire de mariage.
Bon anniversaire!

Geburtstag
Es ist unser Hochzeitstag.
Herzlichen Glückwunsch zum Geburtstag!

annonce (f.) [anõs]
J'ai trouvé votre annonce dans le journal.

Anzeige, Annonce
Ich habe Ihre Anzeige in der Zeitung gefunden.

annoncer [anõse]
La météo annonce du beau temps pour le week-end.

bekannt geben, ankündigen, melden
Der Wetterbericht sagt zum Wochenende schönes Wetter voraus.

annuaire (m.) [anɥɛR]
Vous trouverez son numéro de téléphone dans l'annuaire.

Telefonbuch
Sie finden seine Telefonnummer im Telefonbuch.

A.N.P.E. [aɛnpeə]
Les chômeurs doivent s'inscrire à l'A.N.P.E. (Agence Nationale pour l'Emploi).

Arbeitsamt
Arbeitslose müssen sich beim Arbeitsamt melden.

apéritif – arbre

apéritif (m.) [apeʀitif]
Venez prendre l'apéritif chez nous!

Aperitif
Kommen Sie doch zum Aperitif zu uns nach Hause!

appareil (m.) [apaʀɛj]
Elle a acheté un nouvel appareil photo.

Apparat
Sie hat einen neuen Fotoapparat gekauft.

appartement (m.) [apaʀtəmɑ̃]
Je cherche un appartement meublé.

Wohnung
Ich suche eine möblierte Wohnung.

appeler [aple]
Il est blessé, appelez vite un médecin!

rufen
Er ist verletzt, rufen Sie schnell einen Arzt!

s'appeler [saple]
Je m'appelle Albert Lecomte.

heißen
Ich heiße Albert Lecomte.

rappeler [ʀaple]
Laissez-nous votre numéro de téléphone, nous vous rappellerons.

wieder anrufen, zurückrufen
Geben Sie uns Ihre Telefonnummer, wir rufen Sie zurück.

se rappeler [səʀaple]
Je ne me rappelle plus où je l'ai rencontré.

sich erinnern
Ich erinnere mich nicht mehr, wo ich ihn getroffen habe.

appétit (m.) [apeti]
Bon appétit!

Appetit
Guten Appetit!

apporter [apɔʀte]
Apporte-lui des fleurs!

bringen
Bring ihm / ihr Blumen mit!

apprendre [apʀɑ̃dʀ]
J'ai appris le français en France.

lernen
Französisch habe ich in Frankreich gelernt.

après [apʀɛ]
La poste se trouve juste après le pont.
On en parlera après le cours.

danach, nach
Das Postamt ist gleich hinter der Brücke.
Wir sprechen nach dem Kurs / der Vorlesung darüber.

Il ne viendra ni la semaine prochaine, ni celle d'après.

Er kommt weder in der nächsten noch in der übernächsten Woche.

après-demain [apʀɛdəmɛ̃]
Il arrive après-demain.

übermorgen
Er kommt übermorgen an.

après-midi (m. / f.) [apʀɛmidi]
Elle a passé l'après-midi sur la plage.

Nachmittag
Den Nachmittag über war sie am Strand.

d'après [dapʀɛ]
D'après vous, il a tort ou raison?

nach, entsprechend, gemäß
Hat er Ihrer Meinung nach Recht oder nicht?

arbre (m.) [aʀbʀ]
Ils ont quelques arbres dans leur jardin.

Baum
Sie haben in ihrem Garten ein paar Bäume.

argent (m.) [aʀʒɑ̃]
Elle gagne beaucoup d'argent.

Geld
Sie verdient viel Geld.

armoire (f.) [aʀmwaʀ]
Les valises sont au fond de l'armoire.

Schrank
Die Koffer liegen unten im Schrank.

arrêt (m.) [aʀɛ]
Ne descendez pas avant l'arrêt complet du train!
Où est l'arrêt de bus?
Descendez au prochain arrêt!

Haltestelle, Halt
Nicht aussteigen, bevor der Zug zum Halten gekommen ist!
Wo ist die Bushaltestelle?
Steigen Sie an der nächsten Haltestelle aus!

arrêter [aʀete]
Arrête de te plaindre!

anhalten, aufhören
Hör auf, dich zu beklagen!

s'arrêter [saʀete]
On s'arrêtera à midi et on se reposera.

anhalten, stoppen
Mittag hören wir auf und ruhen uns aus.

arrivée (f.) [aʀive]
Heure d'arrivée: 21h45

Ankunft
Ankunft / Ankunftszeit: 21.45 Uhr

arriver [aʀive]
Quand est-ce que vous êtes arrivée de Strasbourg?
Je n'arrive pas à trouver son adresse.

Cela peut arriver à tout le monde.

ankommen
Wann sind Sie aus Straßburg angekommen?
Ich finde seine / ihre Adresse einfach nicht.
Das kann jedem passieren.

art (m.) [aʀ]
J'aime l'art moderne.

Kunst
Ich liebe die moderne Kunst.

article (m.) [aʀtikl]
Il y a des articles intéressants dans ce magazine.

Artikel
Es gibt interessante Artikel in dieser Zeitschrift.

ascenseur (m.) [asɑ̃sœʀ]
L'ascenseur est en panne.

Fahrstuhl
Der Fahrstuhl ist kaputt.

s'asseoir [saswaʀ]
Asseyez-vous!

sich setzen
Setzen Sie sich doch!

assez [ase]
Avez-vous assez d'argent?
J'en ai assez!

genug
Haben Sie genug Geld?
Ich habe genug davon!

assiette (f.) [asjɛt]
Passe-moi ton assiette!

Teller
Gib mir deinen Teller!

assister à [asistea]
Hier, on a assisté à un concert.

beiwohnen, teilnehmen
Gestern waren wir in einem Konzert.

association (f.) [asosjasjɔ̃]
Elle est membre d'une association sportive.

Verein
Sie ist Mitglied in einem Sportverein.

assurance (f.) [asyʀɑ̃s]
Avez-vous une assurance-vie?

Versicherung
Haben Sie eine Lebensversicherung?

assurer [asyʀe]
Je t'assure que ce n'est pas vrai!

Votre voiture est assurée?

versichern
Ich versichere dir, dass das nicht wahr ist / nicht stimmt!
Ist Ihr Wagen versichert?

attacher [ataʃe]
Attachez vos ceintures!

anbinden, befestigen
Schnallen Sie sich an! / Legen Sie Ihre Gurte an!

attendre [atɑ̃dʀ]
Attendez une minute!
Je ne pourrai pas attendre aussi longtemps.

warten
Warten Sie einen Moment!
So lange kann ich nicht warten.

attention [atɑ̃sjɔ̃]
Attention: verglas!

Aufmerksamkeit
Achtung, Glatteis!

auberge (f.) [obɛʀʒ]
On a passé la nuit à l'auberge de jeunesse.

Herberge
Wir haben die Nacht in der Jugendherberge verbracht.

aucun, -e [okɛ̃ / okyn]
Je n'ai besoin d'aucune aide.
Sans aucun doute!

kein
Ich brauche keinerlei Hilfe.
Ganz bestimmt! / Ohne jeden Zweifel!

au-dessous [odsu]
La nuit prochaine, la température descendra au-dessous de zéro.

unter
In der kommenden Nacht wird das Thermometer unter Null fallen.

au-dessus [odsy]
L'avion est au-dessus des nuages.

darüber
Das Flugzeug fliegt über den Wolken.

augmentation (f.) [ogmɑ̃tasjɔ̃]
Les syndicats demandent une augmentation des salaires.

Erhöhung
Die Gewerkschaften verlangen eine Lohnerhöhung.

augmenter [ogmɑ̃te]
Les prix augmentent de plus en plus.

sich erhöhen, steigen
Die Preise steigen immer weiter.

aujourd'hui [oʒuʀdɥi]
J'ai beaucoup de travail aujourd'hui.

heute
Heute habe ich viel Arbeit.

au revoir [oʀvwaʀ]
Au revoir et à bientôt!

auf Wiedersehen
Auf Wiedersehen und bis bald!

aussi [osi]
Sa fille est aussi grande qu'elle.

Moi aussi.

autant [otã]
Nous avons autant d'étudiants que l'année dernière.

auteur (m.) [otœʀ]
C'est vous, l'auteur de cet article?

autobus / bus (m.) [otobys / bys]
L'autobus n'est jamais à l'heure!

autocar / car (m.) [otokaʀ / kaʀ]
Nous voyageons en car.

automatique [otomatik]
J'ai mis mes bagages à la consigne automatique.

autoroute (f.) [otoʀut]
Prenez l'autoroute!

autour de [otuʀ]
Nous sommes assis autour d'une table.

autre [otʀ]
Cette chambre n'est pas aussi calme que les autres.
L'autre jour, j'ai rencontré Pierre à la gare.

autrement [otʀəmã]
Vous pouvez faire autrement.

avance (f.) [avãs]
Je suis arrivée en avance.
Je préfère payer d'avance.
Je vous préviendrai à l'avance.

avant [avã]
Votre voiture ne sera pas prête avant 4 ou 5 jours.
Qu'est-ce que vous avez fait avant?
Ça s'est déjà passé la semaine d'avant.

avant de [avãdə]
Lavez-vous les mains avant de manger!

auch, ebenso
Seine / Ihre Tochter ist ebenso groß wie sie.
Ich auch.

ebenso viel
Wir haben ebenso viele Studenten wie im letzten Jahr.

Autor, Verfasser
Sind Sie der Verfasser dieses Artikels?

Bus [Stadtverkehr]
Der Bus ist nie pünktlich!

Bus [Fernverkehr]
Wir fahren mit dem Bus.

automatisch
Ich habe mein Gepäck ins Gepäckschließfach gebracht / getan.

Autobahn
Nehmen Sie die Autobahn!

um ... herum
Wir sitzen um einen Tisch herum.

anderer
Dieses Zimmer ist nicht so ruhig wie die anderen.
Neulich habe ich Pierre am Bahnhof getroffen.

anders
Sie können es anders machen.

Voraus [zeitlicher Vorsprung]
Ich bin zu früh / früher gekommen.
Ich zahle lieber im Voraus.
Ich werde Sie vorher benachrichtigen / verständigen.

vor
Ihr Wagen ist frühestens in vier oder fünf Tagen fertig.
Was haben Sie vorher gemacht?
Das ist schon in der Woche davor passiert.

vor, bevor
Wascht euch vor dem Essen die Hände!

avant que [avɑ̃kə]
Essayez de finir avant qu'il n'arrive.

bevor
Versucht fertig zu werden, bevor er kommt.

avant-hier [avɑ̃tjɛʀ]
Je l'ai vu avant-hier.

vorgestern
Ich habe ihn vorgestern gesehen / getroffen.

avec [avɛk]
Venez avec toute la famille!
Avec plaisir!

mit
Kommen Sie mit der ganzen Familie!
Mit Vergnügen!

avenir (m.) [avniʀ]
C'est un métier d'avenir.

Zukunft
Das ist ein zukunftsträchtiger Beruf / ein Zukunftsberuf.

avenue (f.) [avny]
Elle habite avenue de la Gare.

Avenue, Allee
Sie wohnt in der Avenue de la Gare.

avion (m.) [avjɔ̃]
Il n'aime pas voyager en avion.

Flugzeug
Er fliegt nicht gerne.

avis (m.) [avi]
Je ne suis pas tout à fait de votre avis.

Meinung, Ansicht
Ich bin nicht so ganz Ihrer Meinung.

avoir [avwaʀ]
Il a deux enfants.
Quel âge a-t-il?
Il y a encore du pain.
Il n'y a pas de quoi.
J'ai quelque chose à vous dire.

haben
Er hat zwei Kinder.
Wie alt ist er?
Wir haben noch Brot. / Da ist noch Brot.
Schon gut, macht nichts.
Ich muss Ihnen etwas sagen.

B

bac(calauréat) (m.) [bak / bakaloʀea]
Elle a passé son bac l'année dernière.

Abi, Abitur
Sie hat ihr Abitur letztes Jahr gemacht.

bagages (m. pl.) [bagaʒ]
J'ai mis mes bagages à la consigne automatique.

Gepäck
Ich habe mein Gepäck ins Gepäckschließfach gebracht / getan.

se baigner [səbeɲe]
On peut se baigner dans le lac?

baden
Kann man im See baden?

bain (m.) [bɛ̃]
Les enfants ont déjà pris leur bain?

Bad
Haben die Kinder schon gebadet?

baisser [bese]
Les prix ont baissé.

sinken
Die Preise sind gesunken.

balade (f.) [balad]
Pourquoi ne pas faire une balade en forêt?

Spaziergang
Warum sollten wir keinen Waldspaziergang machen? / Wir könnten doch einen Waldspaziergang machen.

balcon (m.) [balkõ]
Je cherche un appartement avec balcon.

Balkon
Ich suche eine Wohnung mit Balkon.

banc (m.) [bã]
Je suis fatiguée. On s'assoit sur un banc?

Bank
Ich bin müde. Setzen wir uns auf eine Bank?

bancaire [bãkɛʀ]
Avec une carte bancaire, vous pouvez prendre de l'argent à la billetterie.

Bank- [gehört zu banque]
Mit einer Kreditkarte können Sie am Geldautomaten Geld entnehmen.

bande (f.) [bãd]
Pierre et Arnaud viennent avec toute une bande de copains.

Gruppe
Pierre und Arnaud kommen mit einer ganzen Truppe / Gruppe von Freunden.

banlieue (f.) [bãljø]
Il habite en banlieue.

Außenbezirke, Vororte, Stadtrand
Er wohnt am Stadtrand.

banque (f.) [bãk]
La banque est au coin de la rue.

Bank [Geldinstitut]
Die Bank ist an der Ecke der Straße.

bas, -se [ba / bas]
La température est trop basse pour la saison.
Cette table est très basse.
Il parle à voix basse.

niedrig, tief, leise
Die Temperatur ist für die Jahreszeit zu niedrig.
Dieser Tisch ist sehr niedrig.
Er spricht leise.

en bas [ãba]
Je t'attends en bas.

unten
Ich warte unten auf dich.

bateau (m.) [bato]
Nous avons fait un tour en bateau.

Schiff, Boot
Wir haben einen Ausflug mit dem Schiff gemacht.

bâtiment (m.) [batimã]
Et voilà le bâtiment le plus ancien de la ville!

Gebäude
Und das ist das älteste Gebäude der Stadt!

beau, bel, belle [bo / bɛl / bɛl]
Aujourd'hui, il fait beau.
C'est un bel homme.
On a une belle vue d'ici.

schön
Heute ist es schön / schönes Wetter.
Das ist ein schöner Mann.
Von hier hat man einen schönen Blick.

beaucoup [boku]
Il y a beaucoup de monde sur la plage.
Ça me plaît beaucoup.
Il travaille beaucoup trop.

viel
Am Strand ist viel los / sind viele Leute.
Das gefällt mir sehr / gut.
Er arbeitet viel zu viel.

bébé (m.) [bebe]
Elle l'a eu quand, son bébé?

Baby
Wann hat sie denn ihr Baby bekommen?

besoin (m.) [bəzwɛ̃]
J'ai besoin d'argent.

Bedarf
Ich brauche Geld.

beurre (m.) [bœʀ]
Tu peux me passer le beurre, s'il te plaît?

Butter
Kannst du mir bitte die Butter geben / reichen?

bibliothèque (f.) [bibliotɛk]
Elle prend tous ses livres à la bibliothèque.

Bibliothek
Sie holt sich alle Bücher aus der Bibliothek.

bien [bjɛ̃]
Il a bien travaillé.
J'aimerais bien partir au soleil.

Vous êtes bien Mademoiselle Dubois?
Très bien, c'est d'accord!
Merci bien!
Eh bien, merci beaucoup.

gut, wohl
Er hat gut gearbeitet.
Ich möchte gerne in Richtung Sonne fahren / verreisen.
Sind Sie nicht Mademoiselle Dubois?
Sehr gut, einverstanden!
Vielen Dank!
Nun also, vielen Dank!

bien sûr [bjɛ̃syʀ]
Vous viendrez à la fête? – Bien sûr!

natürlich, selbstverständlich
Kommen Sie zum Fest? – Na klar! / Natürlich!

bientôt [bjɛ̃to]
J'espère vous revoir bientôt.
A bientôt!

bald
Ich hoffe auf baldiges Wiedersehen.
Bis bald!

bière (f.) [bjɛʀ]
Je prendrai bien une bière.

Bier
Ich nehme gerne ein Bier.

billet (m.) [bijɛ]
Un billet aller et retour, s'il vous plaît.
Il y a un distributeur de billets devant la banque.

Fahrkarte
Eine Rückfahrkarte, bitte.
Vor der Bank ist ein Geldautomat.

billetterie (f.) [bijɛtʀi]
Avec une carte bancaire, vous pouvez prendre de l'argent à la billetterie.

~ automatique: Fahrkartenautomat
Mit einer Kreditkarte können Sie am Geldautomaten Geld entnehmen.

blanc, blanche [blɑ̃ / blɑ̃ʃ]
Ce vin blanc est vraiment bon.

weiß
Dieser Weißwein ist wirklich gut.

blesser [blese]
Il est blessé. Appelez vite un médecin!

verletzen
Er ist verletzt. Rufen Sie schnell einen Arzt!

se blesser [səblese]
Je me suis blessé au bras.

sich verletzen
Ich habe mich am Arm verletzt.

bleu, -e [blø]
Jacques a une nouvelle voiture bleue.

blau
Jacques hat einen neuen, blauen Wagen.

blond, -e [blõ / blõd]
Il a les cheveux blonds.

blond
Er ist blond / hat blonde Haare.

bœuf (m.) [bœf]
Je préfère la viande de bœuf.

Rind
Ich mag lieber Rindfleisch.

boire [bwaʀ]
Vous voulez boire un café?

trinken
Möchten Sie einen Kaffee (trinken)?

bois (m.) [bwa]
Toutes les portes sont en bois.
On a fait une balade dans les bois.

Holz, Wald
Alle Türen sind aus Holz.
Wir sind im Wald spazieren gegangen.

boisson (f.) [bwasõ]
Qu'est-ce que vous prenez comme boisson?

Getränk
Was trinken Sie?

boîte (f.) [bwat]
Je cherche une boîte aux lettres.

Schachtel, Kasten
Ich suche einen Briefkasten.

bon, -ne [bõ / bɔn]
Ce vin blanc est vraiment bon.
Bonne chance!

gut
Dieser Weißwein ist wirklich gut.
Viel Glück!

bon [bõ]
Bon, alors on y va!
C'est bon, j'accepte.

gut
Na gut, also gehen wir!
In Ordnung, einverstanden.

bon marché [bõmaʀʃe]
Il a vendu sa maison bon marché.

billig
Er hat sein Haus billig verkauft.

bonheur (m.) [bɔnœʀ]
Tous mes vœux de bonheur!

Glück
Herzliche Glückwünsche!

bonjour [bõʒuʀ]
Bonjour, ça va?

guten Tag
Guten Tag, wie geht's?

bonsoir [bõswaʀ]
Bonsoir et à demain.

guten Abend
Guten Abend und bis morgen.

bord (m.) [bɔʀ]
On passe toujours nos vacances au bord de la mer.

Küste, Ufer
Wir verbringen unsere Ferien immer am Meer.

bouche (f.) [buʃ]
Ne parle pas la bouche pleine!

Mund
Sprich nicht mit vollem Mund!

boucherie (f.) [buʃʀi]
Est-ce qu'il y a une boucherie dans le quartier?

Schlachterei, Metzgerei, Fleischerei
Gibt es hier in der Gegend / in der Nähe eine Schlachterei?

bouchon (m.) [buʃõ]
Il y a un bouchon de 10 km sur l'autoroute.

Stau
Auf der Autobahn ist ein Stau von 10 Kilometern.

bouger [buʒe]
Je ne peux plus bouger le bras droit.

(sich) bewegen
Ich kann den rechten Arm nicht mehr bewegen.

boulangerie (f.) [bulɑ̃ʒʀi]
La boulangerie est au coin de la rue.

Bäckerei
Die Bäckerei ist an der Ecke der Straße.

boulot (m.) [bulo]
Il fait des petits boulots.

Arbeit, Job
Er hat kleine Jobs.

bout (m.) [bu]
Il habite au bout de la rue.
Il est parti au bout d'une heure.

Ende
Er wohnt am Ende der Straße.
Nach einer Stunde ist er gegangen.

bouteille (f.) [butɛj]
Une bouteille d'eau minérale, s'il vous plaît.

Flasche
Eine Flasche Mineralwasser, bitte.

bras (m.) [bʀa]
Je me suis cassé le bras.

Arm
Ich habe mir den Arm gebrochen.

bravo [bʀavo]
Bravo!

bravo
Bravo!

bref, brève [bʀɛf / bʀɛv]
Votre séjour a été bref.

kurz
Ihr Aufenthalt war kurz.

bricolage (m.) [bʀikolaʒ]
Il a acheté la peinture au magasin de bricolage.

Basteln
Er hat die Farbe im Bastelladen gekauft.

bricoler [bʀikole]
Quand j'ai le temps, je bricole.

basteln
Wenn ich Zeit habe, bastele ich.

bricoleur (m.), **bricoleuse** (f.) [bʀikolœʀ / bʀikoløz]
Mon mari est très bricoleur.

Bastler, Bastlerin
Mein Mann ist ein großer Bastler.

brosse (f.) [bʀɔs]
Est-ce que tu as vu ma brosse à dents?

Bürste
Hast du meine Zahnbürste gesehen?

brosser [bʀɔse]
Je dois brosser mes chaussures.

bürsten
Ich muss meine Schuhe bürsten.

se brosser [səbʀɔse]
N'oublie pas de te brosser les dents!

sich bürsten, putzen
Vergiss nicht, dir die Zähne zu putzen!

brouillard (m.) [bʀujaʀ]
Attention: brouillard!

Nebel
Achtung, Nebel!

bruit (m.) [bʀɥi]
Je ne peux pas dormir à cause du bruit.

Lärm
Ich kann wegen des Lärms nicht schlafen.

brûler [bʀyle]
La maison a brûlé.

brennen
Das Haus hat gebrannt.

se brûler [səbʀyle]
Il s'est brûlé la main.

sich verbrennen
Er hat sich die Hand verbrannt.

brusquement [bʀyskəmã]
Il a freiné brusquement et il a eu un accident.

plötzlich, unvermutet
Er hat plötzlich gebremst und einen Unfall gehabt.

bureau (m.) [byʀo]
Il travaille dans un bureau.

Büro
Er arbeitet in einem Büro.

bureau de change (m.) [byʀodʃɑ̃ʒ]
Il y a des bureaux de change à la gare.

Wechselstube
Wechselstuben gibt es am Bahnhof.

bureau de poste (m.) [byʀodpɔst]
Le bureau de poste est à côté de la gare.

Post, Postamt
Die Post ist neben dem Bahnhof.

bureau de tabac (m.) [byʀodtaba]
Je cherche un bureau de tabac.

Tabakladen
Ich suche einen Tabakladen.

but (m.) [byt]
Quel est le but de sa visite?

Ziel
Welchen Zweck hat sein Besuch?

C

ça, cela [sa / sla]
Arrêtez, ça suffit!
Je n'ai rien à ajouter à cela.

das
Hört auf, das genügt!
Ich habe dem nichts hinzuzufügen.

cabine téléphonique (f.) [kabintelefonik]
Il y a une cabine téléphonique près de chez nous.

Telefonzelle

Eine Telefonzelle ist bei uns in der Nähe.

cacher [kaʃe]
Il cache quelque chose.

verstecken
Er verbirgt / versteckt / verheimlicht etwas.

cadeau (m.) [kado]
On a reçu beaucoup de cadeaux pour notre mariage.

Geschenk
Wir haben zu unserer Hochzeit viele Geschenke erhalten.

cadre (m.) [kadʀ] — Rahmen, (leitender) Angestellter
On travaille dans un cadre agréable. — Wir arbeiten in einer angenehmen Umgebung.
Il est cadre supérieur. — Er ist ein höherer Angestellter.

café (m.) [kafe] — Kaffee, Café
Ton café est un peu fort. — Dein Kaffee ist ein wenig stark.
On rentre dans ce café? — Gehen wir in dieses Café?

caisse (f.) [kɛs] — Kasse
Payez à la caisse, s'il vous plaît. — Bezahlen Sie bitte an der Kasse.

calme [kalm] — ruhig
Ce quartier est très calme. — Dieser Stadtteil / diese Gegend ist sehr ruhig.

camion (m.) [kamjõ] — Lastwagen
Il y avait beaucoup de camions sur la route. — Es waren viele Lastwagen auf der Straße.

campagne (f.) [kɑ̃paɲ] — Land
J'aime la vie de campagne. — Ich habe das Landleben gerne.

camping (m.) [kɑ̃piŋ] — Camping, das Zelten
On a fait du camping. — Wir haben gezeltet.

capable [kapabl] — fähig
Cet enfant est très capable. — Dieses Kind ist sehr fähig / begabt.

  incapable [ɛ̃kapabl] — unfähig
  C'est un incapable! — Der ist einfach unfähig!

capitale (f.) [kapital] — Hauptstadt
Elle habite la capitale. — Sie wohnt in der Hauptstadt.

car [kaʀ] — denn
Il ne viendra pas, car il est malade. — Er kommt nicht, denn er ist krank.

caractère (m.) [kaʀaktɛʀ] — Charakter
Il a mauvais caractère. — Er hat einen schlechten Charakter.

carnet (m.) [kaʀne] — Heft
Un ticket ou un carnet? — Einen Einzelfahrschein oder einen Zehnerblock?

carrefour (m.) [kaʀfuʀ] — Kreuzung
Au carrefour, vous tournez à droite. — An der Kreuzung biegen Sie rechts ab.

carte (f.) [kaʀt] — Karte
On joue aux cartes? — Wollen wir Karten spielen?
Voilà la carte des vins. — Hier ist die Weinkarte.

carte bancaire [kaʀtbɑ̃kɛʀ]
Avec une carte bancaire, vous pouvez prendre de l'argent à la billetterie.

Kreditkarte
Mit einer Kreditkarte können Sie am Geldautomaten Geld entnehmen.

carte d'identité [kaʀtdidɑ̃tite]
Montrez-moi votre carte d'identité!

Ausweis
Zeigen Sie mir Ihren Ausweis!

carte postale [kaʀtpɔstal]
Il nous a envoyé une carte postale d'Italie.

Postkarte
Er hat uns eine Postkarte aus Italien geschickt.

cas (m.) [ka]
Tu es libre. Dans ce cas, passe nous voir!

Fall
Du hast frei / hast Zeit. Also komm uns besuchen!

casser [kase]
J'ai cassé un verre.

zerbrechen
Ich habe ein Glas kaputtgemacht / zerbrochen.

se casser [səkase]
Je me suis cassé le bras.

sich brechen
Ich habe mir den Arm gebrochen.

cassette (f.) [kasɛt]
Le soir, ma fille écoute des cassettes.
J'ai regardé une cassette vidéo.

Kassette
Abends hört meine Tochter Kassetten.
Ich habe mir eine Videokassette angesehen.

à cause de [akozdə]
On ne peut pas sortir à cause du mauvais temps.

wegen
Wir können wegen des schlechten Wetters nicht nach draußen gehen / ausgehen.

cave (f.) [kav]
Va chercher du vin à la cave!

Keller
Hol Wein aus dem Keller!

CD (m.) [sede]
Tu as écouté le dernier CD de Pavarotti?

CD
Hast du die letzte CD von Pavarotti gehört?

CD-ROM (m.) [sedeʀɔm]
J'ai acheté un bon cours de français sur CD-ROM.

CD-ROM
Ich habe mir einen guten Französischkurs auf CD-ROM gekauft.

ce, cet, cette, ces [sə / sɛt / sɛt / se]
Cet enfant est vraiment intelligent.

dieser, diese, dieses
Dieses Kind ist wirklich sehr intelligent.

ceinture (f.) [sɛ̃tyʀ]
Mettez votre ceinture de sécurité!

Gürtel
Schnallen Sie sich an! / Legen Sie den Gurt an!

célèbre [selɛbʀ]
Connaissez-vous des hommes français célèbres?

berühmt
Kennen Sie berühmte Franzosen?

célibataire – chaîne

célibataire [selibatɛʀ]
Il est célibataire.

Junggeselle, Junggesellin
Er ist Junggeselle.

celui, celle, ceux, celles [səlɥi / sɛl / sø / sɛl]
J'ai raté mon train et celui de demain ne part qu'à 7h47!

dieser, diese, dieses
Ich habe meinen Zug verpasst und der morgen fährt erst um 7.47 Uhr ab!

centime (m.) [sɑ̃tim]
Il me manque encore 10 centimes (d'euro).

Centime
Mir fehlen noch 10 Centimes.

centimètre (m.) [sɑ̃timɛtʀ]
Cette robe est trop longue d'au moins 10 centimètres.

Zentimeter
Dieses Kleid ist mindestens 10 cm zu lang.

central, -e [sɑ̃tʀal]
J'habite dans un quartier très central.

zentral
Ich wohne in einem ganz zentralen Stadtteil.

centrale nucléaire (f.) [sɑ̃tʀalnykleɛʀ]
On va construire une nouvelle centrale nucléaire.

Kernkraftwerk
Man wird ein neues Kernkraftwerk bauen.

centre (m.) [sɑ̃tʀ]
C'est un centre de formation.
J'habite en plein centre.

Zentrum
Das ist ein Bildungszentrum.
Ich wohne mitten in der Stadt.

centre commercial [sɑ̃tʀəkɔmɛʀsjal]
Il y a un centre commercial dans le quartier?

Einkaufszentrum
Gibt es in dieser Gegend / diesem Stadtteil ein Einkaufszentrum?

centre ville (m.) [sɑ̃tʀəvil]
Prenez la direction centre ville.

Stadtzentrum, Stadtmitte
Fahren Sie in Richtung Stadtmitte.

certain, -e [sɛʀtɛ̃ / sɛʀtɛn]
Je suis certaine que tu réussiras.

gewiss, bestimmt
Ich bin sicher, dass du Erfolg haben wirst.

   incertain, -e [ɛ̃sɛʀtɛ̃ / ɛ̃sɛʀtɛn]
   Le temps est incertain.

ungewiss, unbestimmt
Das Wetter ist unsicher.

certainement [sɛʀtɛnmɑ̃]
Je vais certainement le voir ce soir.

gewiss, bestimmt
Ich sehe ihn bestimmt heute Abend.

certificat (m.) [sɛʀtifika]
Mon fils a déjà passé le Certificat de Français.

Zertifikat
Mein Sohn hat schon das Französisch-Zertifikat abgelegt.

chacun, -e [ʃakɛ̃ / ʃakyn]
Chacun devra payer 30 euro.

jeder, jede
Jeder wird 30 Euro bezahlen müssen.

chaîne (f.) [ʃɛn]
Le film passe sur quelle chaîne?

Kette, Fernsehsender
Auf welchem Sender läuft der Film?

chaise (f.) [ʃɛz]
Il a acheté de nouvelles chaises de cuisine.

Stuhl
Er hat neue Küchenstühle gekauft.

chaleur (f.) [ʃalœʀ]
Quelle chaleur aujourd'hui!

Hitze
Was ist das für eine Hitze heute!

chambre (f.) [ʃɑ̃bʀ]
Vous avez encore une chambre de libre?

Zimmer
Haben Sie noch ein Zimmer frei?

champ (m.) [ʃɑ̃]
Derrière chez nous il y a un grand champ de fleurs.

Feld
Hinter unserem Haus ist eine große Blumenwiese.

chance (f.) [ʃɑ̃s]
Il a des chances de réussir.

Bonne chance!

Chance, Glück
Er hat Aussicht darauf, dass er besteht / dass es ihm gelingt.
Viel Glück!

changement (m.) [ʃɑ̃ʒmɑ̃]
Ce soir, il y a un changement de programme à la télévision.

Änderung
Das Fernsehprogramm für heute Abend ist geändert worden.

changer [ʃɑ̃ʒe]
Où est-ce qu'on peut changer de l'argent?
Il faut changer de train à Lyon.

Le temps va changer.
Il faut que je change de l'argent à la banque.

wechseln, (sich) ändern, tauschen
Wo kann man Geld wechseln?
Wir müssen / Man muss in Lyon umsteigen.
Das Wetter wird sich ändern.
Ich muss auf der Bank Geld wechseln.

chanson (f.) [ʃɑ̃sɔ̃]
Vous connaissez des chansons françaises?

Lied, Chanson
Kennen Sie französische Lieder / Chansons?

chanter [ʃɑ̃te]
Il chante bien.

singen
Er singt gut.

chapeau (m.) [ʃapo]
J'ai laissé mon chapeau au restaurant.

Hut
Ich habe meinen Hut im Restaurant liegen lassen.

chaque [ʃak]
Chaque matin, je prends ma douche.

jeder, jede
Ich dusche jeden Morgen.

charcuterie (f.) [ʃaʀkytʀi]
La charcuterie est au coin de la rue.

Fleischerei, Metzgerei, Schlachterei
Die Fleischerei / Metzgerei / Schlachterei ist an der Ecke der Straße.

charmant, -e [ʃaʀmɑ̃ / ʃaʀmɑ̃t]
Elle est vraiment charmante.

charmant, reizend
Sie ist wirklich reizend.

chat (m.), **chatte** (f.) [ʃa / ʃat]
Ils ont deux chats.

Katze
Sie haben zwei Katzen.

château (m.) [ʃato]
Nous avons visité tous les châteaux de la Loire.

Schloss
Wir haben alle Loire-Schlösser besichtigt.

chaud, -e [ʃo / ʃod]
Il n'y a pas d'eau chaude ici.

warm, heiß
Es gibt hier kein warmes Wasser.

chauffage (m.) [ʃofaʒ]
Vous avez le chauffage central?

Heizung
Haben Sie Zentralheizung?

chauffer [ʃofe]
Je vais faire chauffer de l'eau pour le thé.

heizen, wärmen, heiß machen
Ich werde Wasser für den Tee heiß machen.

réchauffer [ʀeʃofe]
Il faut réchauffer ce repas.

aufwärmen, wieder heiß machen
Das Essen muss aufgewärmt werden.

chauffeur (m.) [ʃofœʀ]
Elle est chauffeur de taxi.

Fahrer, Fahrerin
Sie ist Taxifahrerin.

chaussette (f.) [ʃosɛt]
Il porte des chaussettes blanches.

Socke
Er trägt weiße Socken.

chaussure (f.) [ʃosyʀ]
Mes chaussures me font mal.

Schuh
Die Schuhe drücken.

chef (m.) [ʃɛf]
Elle est chef d'entreprise.

Chef, Chefin
Sie ist Firmenchefin.

chemin (m.) [ʃ(ə)mɛ̃]
Vous pouvez m'indiquer le chemin de la gare?

Weg
Können Sie mir sagen, wie ich zum Bahnhof komme?

chemin de fer (m.) [ʃ(ə)mɛ̃dfɛʀ]
Je préfère voyager en chemin de fer.

Eisenbahn
Ich fahre lieber mit der Bahn.

chemise (f.) [ʃ(ə)miz]
Il s'est acheté trois chemises.

Hemd
Er hat sich drei Hemden gekauft.

chèque (m.) [ʃɛk]
Je peux vous faire un chèque?

Scheck
Kann ich Ihnen einen Scheck geben?

cher, chère [ʃɛʀ]
Chère Jacqueline, ... [lettre]
La vie est chère!

liebe(r), teuer
Liebe Jacqueline, ... [Anrede im Brief]
Ist das Leben teuer!

chercher [ʃɛʀʃe]
Il cherche du travail.
Je viendrai vous chercher à 3 heures.

suchen
Er sucht Arbeit.
Ich hole Sie um 3 Uhr ab.

rechercher [RəʃɛRʃe] *(wieder) suchen, wieder abholen*
J'irai rechercher les enfants à l'école. *Ich hole die Kinder wieder von der Schule ab.*
Cette entreprise recherche deux secrétaires. *Diese Firma sucht zwei Sekretärinnen.*

cheval (m.) [ʃ(ə)val] *Pferd*
Je fais du cheval tous les samedis. *Ich reite jeden Samstag / Sonnabend.*

cheveux (m. pl.) [ʃ(ə)vø] *Haare*
Il a les cheveux blonds. *Er ist blond / hat blonde Haare.*

chez [ʃe] *bei, zu*
Elle habite chez ses parents. *Sie wohnt bei ihren Eltern.*
Je vais chez le dentiste. *Ich gehe zum Zahnarzt.*

chien (m.) [ʃjɛ̃] *Hund*
J'aime bien les chiens. *Ich habe Hunde gern.*

chiffre (m.) [ʃifR] *Ziffer*
Mon numéro de téléphone a huit chiffres. *Meine Telefonnummer hat acht Ziffern.*

chocolat (m.) [ʃokola] *Schokolade*
Moi, je prends un chocolat. *Für mich bitte eine Schokolade / einen Kakao.*

choisir [ʃwaziR] *wählen*
Vous avez déjà choisi? *Haben Sie schon gewählt?*

chômage (m.) [ʃomaʒ] *Arbeitslosigkeit*
L'année dernière, le chômage a beaucoup augmenté. *Im letzten Jahr hat die Arbeitslosigkeit stark zugenommen.*

chômeur (m.), **chômeuse** (f.) [ʃomœR / ʃomøz] *Arbeitsloser, Arbeitslose*
Il y a beaucoup de chômeurs en France. *In Frankreich gibt es viele Arbeitslose.*

chose (f.) [ʃoz] *Sache*
Vous avez oublié quelque chose? *Haben Sie etwas vergessen?*
C'est une chose à ne pas faire. *Das darf / sollte man nicht machen.*

ciel (m.) [sjɛl] *Himmel*
Ici, le ciel est toujours bleu. *Hier ist der Himmel immer blau.*

cigarette (f.) [sigaRɛt] *Zigarette*
Il fume un paquet de cigarettes par jour. *Er raucht ein Päckchen Zigaretten pro Tag.*

cinéma (m.) [sinema] *Kino*
Je préfère le cinéma au théâtre. *Ich mag Kino lieber als Theater.*

circulation (f.) [siʀkylasjɔ̃]
Il y a beaucoup de circulation sur l'autoroute.

Verkehr
Auf der Autobahn ist viel Verkehr.

ciseaux (m. pl.) [sizo]
Mes ciseaux ne coupent plus.

Schere
Meine Schere schneidet nicht mehr.

citron (m.) [sitʀɔ̃]
Un citron pressé, s'il vous plaît!

Zitrone
Einen frisch gepressten Zitronensaft, bitte!

clair, -e [klɛʀ]
L'appartement est très clair.

hell, klar
Die Wohnung ist sehr hell.

classe (f.) [klas]
Vous voyagez en première classe?

Klasse
Fahren Sie erster Klasse?

classique [klasik]
J'aime bien la musique classique.

klassisch
Ich habe klassische Musik gern.

clé / clef (f.) [kle / kle]
Je cherche mes clés de voiture.

Schlüssel
Ich suche meine Autoschlüssel.

client (m.), **-e** (f.) [kliɑ̃ / kliɑ̃t]
Il n'est pas aimable avec les clients.

Kunde, Kundin
Er ist unfreundlich zu den Kunden.

climat (m.) [klima]
C'est un climat assez humide.

Klima
Das ist ein ziemlich feuchtes Klima.

club (m.) [klœb]
Ils sont membres d'un club sportif.

Club
Sie sind Mitglieder in einem Sportverein.

cœur (m.) [kœʀ]
J'ai mal au cœur.

Herz
Mir ist schlecht.

coiffeur (m.), **coiffeuse** (f.) [kwafœʀ / kwaføz]
J'ai pris un rendez-vous chez le coiffeur.

Friseur, Friseurin
Ich habe einen Termin beim Friseur.

coin (m.) [kwɛ̃]
Le syndicat d'initiative est là-bas, au coin de la rue.

Ecke
Das Verkehrsbüro ist da unten, an der Ecke der Straße.

collection (f.) [kɔlɛksjɔ̃]
Tu me montres ta collection de timbres?

Sammlung
Zeigst du mir deine Briefmarkensammlung?

collège (m.) [kɔlɛʒ]
Ma fille va au collège.

Collège [weiterführende Schule]
Meine Tochter geht ins Collège.

collègue (m. / f.) [kɔlɛg]
Je vous présente un de mes collègues.

Kollege, Kollegin
Darf ich Ihnen einen Kollegen vorstellen?

combien [kõbjɛ̃]
Combien de temps veux-tu la garder?
Combien coûte le supplément?
Il vous en faut combien?
Vous faites du combien? – Du 40.

wie viel
Wie lange willst du sie behalten?
Wie viel kostet der Zuschlag?
Wie viel brauchen Sie (davon)?
Welche Größe haben Sie? – 40.

commander [kɔmɑ̃de]
Qu'est-ce qu'on commande?

bestellen
Was bestellen wir?

comme [kɔm]
Elle est comme son frère.
Faites comme chez vous.
Qu'est-ce qu'on prend comme hors-d'œuvre?
Comme il neigeait, je suis restée à la maison.

wie, als
Sie ist wie ihr Bruder.
Fühlen Sie sich wie zu Hause.
Was nehmen wir als Vorspeise?
Weil es schneite, bin ich zu Hause geblieben.

commencer [kɔmɑ̃se]
Elle a commencé à travailler la semaine dernière.

anfangen
Letzte Woche hat sie angefangen zu arbeiten.

recommencer [ʀəkɔmɑ̃se]
Le mauvais temps a recommencé.

wieder anfangen
Das Wetter ist wieder schlecht geworden.

comment [kɔmɑ̃]
Dis-moi comment tu fais.
Comment allez-vous?

wie
Sag mir, wie du das machst.
Wie geht es Ihnen?

commerçant (m.), **-e** (f.) [kɔmɛʀsɑ̃ / kɔmɛʀsɑ̃t]
Il est commerçant.

Geschäftsmann, -frau, Händler, -in
Er ist Händler.

commerce (m.) [kɔmɛʀs]
Il est dans le commerce.

Handel
Er ist im Handel tätig.

commercial, -e [kɔmɛʀsjal]
Il y a un centre commercial dans le quartier?

Handels-
Gibt es in der Gegend / in diesem Viertel ein Einkaufszentrum?

commissariat (m.) [kɔmisaʀja]
Où est le commissariat de police?

Kommissariat
Wo ist die Polizeiwache?

commun, -e [kɔmɛ̃ / kɔmyn]
Ils ont un point commun: la musique.

gemeinsam
Sie haben etwas Gemeinsames: die Musik.

communication (f.) [kɔmynikasjɔ̃]
Un instant, je vous passe la communication.

Kommunikation, Verbindung
Einen Augenblick, ich übergebe / verbinde.

comparable [kɔ̃paʀabl]
Ces deux choses ne sont pas comparables.

vergleichbar
Die beiden Dinge sind nicht vergleichbar.

incomparable [ɛ̃kɔ̃paʀabl]
C'est incomparable.

unvergleichlich
Das ist nicht vergleichbar.

comparer [kɔ̃paʀe]
Je compare toujours les prix.

vergleichen
Ich vergleiche immer die Preise.

complet, complète [kɔ̃plɛ / kɔ̃plɛt]
L'hôtel est complet.

vollständig, komplett, ausgebucht
Das Hotel ist ausgebucht.

complètement [kɔ̃plɛtmɑ̃]
J'ai complètement oublié ce rendez-vous!

vollständig, völlig
Ich habe dieses Treffen / diesen Termin völlig vergessen!

compliqué, -e [kɔ̃plike]
La vie est bien compliquée!

kompliziert
Das Leben ist ziemlich kompliziert!

composter [kɔ̃pɔste]
N'oubliez pas de composter vos billets!

entwerten
Vergessen Sie nicht, Ihre Fahrkarten zu entwerten!

comprendre [kɔ̃pʀɑ̃dʀ]
Je ne vous ai pas bien compris.

verstehen
Ich habe Sie nicht gut verstanden.

compris [kɔ̃pʀi]
La chambre coûte 45 €, tout compris.

einschließlich
Das Zimmer kostet 45 Euro, alles inbegriffen.

compte (m.) [kɔ̃t]
Je voudrais ouvrir un compte bancaire.

Konto
Ich möchte ein Bankkonto eröffnen.

compter [kɔ̃te]
Peux-tu compter les tickets?

zählen
Kannst du die Fahrkarten zählen?

concert (m.) [kɔ̃sɛʀ]
On va au concert ce soir?

Konzert
Gehen wir heute Abend ins Konzert?

conclusion (f.) [kɔ̃klyzjɔ̃]
Conclusion: il n'y a plus rien à faire.

Folge, Folgerung
Schlussfolgerung / Schlussendlich: Es ist nichts mehr zu machen.

condition (f.) [kɔ̃disjɔ̃]
Il travaille dans de bonnes conditions.

Bedingung
Er hat gute Arbeitsbedingungen.

conducteur, conductrice [kɔ̃dyktœʀ / kɔ̃dyktʀis]
Le conducteur de la voiture a été blessé.

Fahrer, Fahrerin

Der Fahrer des Wagens ist verletzt worden.

conduire [kɔ̃dɥiʀ]
Vous savez conduire?
C'est mon mari qui conduit les enfants à l'école.

fahren
Können Sie Auto fahren?
Die Kinder werden von meinem Mann zur Schule gefahren.

conférence (f.) [kɔ̃feʀɑ̃s]
Nous avons assisté à une conférence intéressante.

Konferenz, Vortrag, Vorlesung
Wir haben an einer interessanten Vorlesung teilgenommen.

confiance (f.) [kɔ̃fjɑ̃s]
Je n'ai pas confiance en lui.

Vertrauen
Ich habe kein Vertrauen in ihn.

confirmation (f.) [kɔ̃fiʀmasjɔ̃]
Je vous envoie une confirmation par fax.

Bestätigung
Ich schicke Ihnen eine Bestätigung per Fax.

confirmer [kɔ̃fiʀme]
Ils nous ont confirmé notre réservation.

bestätigen
Sie haben uns die Reservierung bestätigt.

confiture (f.) [kɔ̃fityʀ]
Tu prends de la confiture?

Marmelade
Nimmst du Marmelade?

confort (m.) [kɔ̃fɔʀ]
C'est un hôtel tout confort.

Komfort
Das ist ein Hotel mit allem Komfort.

confortable [kɔ̃fɔʀtabl]
Notre chambre est assez confortable.

bequem, gemütlich
Unser Zimmer ist recht gemütlich / gut eingerichtet.

inconfortable [ɛ̃kɔ̃fɔʀtabl]
Ce fauteuil est inconfortable.

unbequem
Dieser Sessel ist unbequem.

congé (m.) [kɔ̃ʒe]
Il a pris une semaine de congé.
Elle est en congé de maladie.

Urlaub
Er hat eine Woche Urlaub genommen.
Sie ist krankgeschrieben.

congélateur (m.) [kɔ̃ʒelatœʀ]
La glace est dans le congélateur.

Kühltruhe
Das Eis ist in der Kühltruhe.

connaissance (f.) [kɔnɛsɑ̃s]
Vous avez déjà fait la connaissance de Monsieur Didier?
Vous avez des connaissances en langues?

Kenntnis, Bekanntschaft
Haben Sie Herrn Didier schon kennen gelernt?
Haben Sie Sprachkenntnisse?

connaître [kɔnɛtʀ]
Vous connaissez les Martin?

kennen
Kennen Sie die Martins?

conseil (m.) [kɔ̃sɛj]
Pourriez-vous me donner un conseil?

Rat
Könnten Sie mir einen Rat geben?

conseiller [kɔ̃sɛje]
Qu'est-ce que vous me conseillez comme hors-d'œuvre?

raten, beraten
Was empfehlen Sie mir als Vorspeise?

déconseiller [dekɔ̃sɛje]
Je vous déconseille d'aller voir ce film.

abraten
Ich rate Ihnen davon ab, sich diesen Film anzusehen.

conséquence (f.) [kõsekãs]
Cette affaire aura des conséquences politiques.

Folge
Diese Angelegenheit wird politische Folgen haben.

consigne (f.) [kõsiɲ]
J'ai mis mes bagages à la consigne.

Gepäckaufbewahrung
Ich habe meine Koffer bei der Gepäckaufbewahrung.

consommateur (m.), **consommatrice** (f.) [kõsɔmatœʀ / kõsɔmatʀis]
Je suis membre d'une association de consommateurs.

Verbraucher, Verbraucherin
Ich bin Mitglied eines Verbraucherschutzvereins.

consommation (f.) [kõsɔmasjõ]
La consommation d'eau a beaucoup augmenté.

Verbrauch
Der Wasserverbrauch hat sehr zugenommen.

consommer [kõsɔme]
Ma voiture consomme beaucoup d'essence.

verbrauchen
Mein Wagen verbraucht viel Benzin.

construction (f.) [kõstʀyksjõ]
L'immeuble est en construction.

Bau
Das Gebäude ist im Bau.

construire [kõstʀɥiʀ]
On va construire une maison.

bauen
Wir werden ein Haus bauen.

consulat (m.) [kõsyla]
Où est le consulat de France?

Konsulat
Wo ist das Französische Konsulat?

contact (m.) [kõtakt]
On reste en contact, n'est-ce pas?
Prenez contact avec elle.

Kontakt, Verbindung
Wir bleiben in Verbindung, nicht wahr?
Setzen Sie sich mit ihr in Verbindung.

container (m.) [kõteneʀ]
Mettez les bouteilles en verre dans le container.

Container
Werfen Sie die Glasflaschen in den Container.

content, -e [kõtã / kõtãt]
Nous sommes bien contents de te revoir!

zufrieden
Wir freuen uns sehr, dich wieder zu sehen!

continuer [kõtinɥe]
C'est bien, continuez!
Il continue à / de pleuvoir.

fortsetzen, fortfahren
Gut so, weiter!
Es regnet weiter / immer noch.

contraire (m.) [kõtʀɛʀ]
Il fait toujours le contraire de ce qu'on lui dit.

Gegenteil
Er tut immer das Gegenteil von dem, was man ihm sagt.

au contraire [okõtʀɛʀ]
Il n'est pas méchant, au contraire il est très sympathique.

im Gegenteil
Er ist nicht bösartig, im Gegenteil, er ist sehr sympathisch.

contrat (m.) [kɔ̃tʀa]
Il a signé son contrat de travail.

Vertrag
Er hat seinen Arbeitsvertrag unterschrieben.

contre [kɔ̃tʀ]
J'ai posé mon vélo contre le mur.

Je suis contre le nucléaire.
Je n'ai rien contre.

gegen, dagegen
Ich habe mein Fahrrad gegen die Mauer gelehnt.
Ich bin gegen die Kernkraft.
Ich habe nichts dagegen.

contrôle (m.) [kɔ̃tʀol]
Faites attention, il y a des contrôles de police sur la route!

Kontrolle
Passen Sie auf, da sind Polizeikontrollen auf der Straße!

contrôler [kɔ̃tʀole]
On vous a contrôlé à l'aéroport?

kontrollieren
Sind Sie am Flughafen kontrolliert worden?

contrôleur (m.) [kɔ̃tʀolœʀ]
Il y avait plusieurs contrôleurs dans le train.

Kontrolleur
Im Zug waren mehrere Kontrolleure.

convaincre [kɔ̃vɛ̃kʀ]
Il a essayé de nous convaincre.
Il réussira ses examens, j'en suis convaincue.

überzeugen, überreden
Er hat versucht, uns zu überzeugen.
Er wird seine Prüfungen bestehen, davon bin ich überzeugt.

conversation (f.) [kɔ̃vɛʀsasjɔ̃]
Nous avons eu une conversation très intéressante.

Gespräch
Wir haben ein sehr interessantes Gespräch gehabt.

copain (m.), **copine** (f.) [kɔpɛ̃ / kɔpin]
Elle est partie avec des copains.

Freund, Freundin, Kumpel
Sie ist mit Freunden weggegangen / weggefahren.

cordialement [kɔʀdjalmɑ̃]
Cordialement [lettre]

herzlich
Herzliche Grüße [Schlussformel im Brief]

corps (m.) [kɔʀ]
Il a des taches sur tout le corps.

Körper
Er hat am ganzen Körper Flecken.

correct, -e [kɔʀɛkt]
C'était très correct de sa part.

korrekt
Das war sehr korrekt von ihm.

correspondance (f.) [kɔʀɛspɔ̃dɑ̃s]
A quelle heure est-ce qu'il y a une correspondance pour Lyon?

Anschluss
Wann gibt es einen Anschluss nach Lyon?

corriger [kɔʀiʒe]
Corrigez-moi quand je fais des fautes!

verbessern
Verbessern Sie mich, wenn ich Fehler mache!

côte (f.) [kot]
Elle a une maison sur la côte atlantique.
Ce n'est pas facile de monter la côte en vélo.
Je vous conseille la côte de bœuf.

Küste, Ufer, Abhang
Sie hat ein Haus an der Atlantikküste.
Es ist nicht leicht, den Hang mit dem Fahrrad hinaufzufahren.
Ich empfehle Ihnen das Rindersteak.

à côté [akote]
La boulangerie est à côté.

neben
Die Bäckerei ist nebenan.

à côté de [akotedə]
Il y a un cinéma à côté du restaurant.

neben
Neben dem Restaurant ist ein Kino.

se coucher [səkuʃe]
Je dois me coucher de bonne heure ce soir.

ins Bett gehen, schlafen gehen
Ich muss heute Abend früh ins Bett.

couchette (f.) [kuʃɛt]
On a réservé des couchettes dans le train de nuit.

Schlafwagen (-platz), Bettplatz
Wir haben / Es wurden Bettplätze im Nachtzug reserviert.

couleur (f.) [kulœʀ]
Je n'aime pas la couleur de sa voiture.

Farbe
Ich mag die Farbe seines Wagens nicht.

couloir (m.) [kulwaʀ]
J'ai toujours peur dans les couloirs du métro.

Gang
In den Metrogängen habe ich immer Angst.

coup (m.) [ku]
Cela ne valait pas le coup.
Je crois que j'ai pris un coup de soleil.

Schlag
Das lohnte die Mühe nicht.
Ich glaube, ich habe einen Sonnenbrand bekommen.

couper [kupe]
Ce couteau ne coupe pas.
On n'a pas pu passer, les routes étaient coupées.

schneiden, sperren
Dieses Messer schneidet nicht.
Wir sind nicht durchgekommen, die Straßen waren gesperrt.

cour (f.) [kuʀ]
La fenêtre donne sur la cour.

Hof
Das Fenster geht zum Hof hinaus.

courage (m.) [kuʀaʒ]
J'admire son courage.
Bon courage!

Mut
Ich bewundere seinen Mut.
Kopf hoch!

couramment [kuʀamã]
Il parle couramment français.

geläufig, fließend
Er spricht fließend Französisch.

courir [kuʀiʀ]
Il court vite.

laufen
Er läuft schnell.

courrier (m.) [kuʀje]
Je n'ai pas encore eu le temps de lire mon courrier.

Post
Ich habe noch nicht die Zeit dazu gehabt, meine Post zu lesen.

cours (m.) [kuʀ]
J'ai suivi des cours de français en Suisse.

Quel est le cours de l'euro aujourd'hui?

Kurs
Ich habe in der Schweiz Französischkurse besucht.
Wie ist heute der Kurs des Euro?

courses (f. pl.) [kuʀs]
Je fais mes courses en ville.

Einkäufe
Ich mache meine Einkäufe in der Stadt.

court, -e [kuʀ / kuʀt]
Ta robe est trop courte.

kurz
Dein Kleid ist zu kurz.

couteau (m.) [kuto]
J'ai besoin d'un couteau de poche.

Messer
Ich brauche ein Taschenmesser.

coûter [kute]
Combien coûte le supplément?

kosten
Wie viel kostet der Zuschlag?

couverture (f.) [kuvɛʀtyʀ]
Tu me donnes une autre couverture? J'ai froid.

Decke
Gibst du mir noch eine Decke? Mir ist kalt.

crème (f.) [kʀɛm]
Un café crème, s'il vous plaît!
Tu as de la crème pour les mains?

Creme, Sahne
Einen Milchkaffee, bitte!
Hast du Handcreme?

crier [kʀije]
Ne crie pas si fort!

schreien, rufen
Schrei nicht so laut!

critique (f.) [kʀitik]
Tu as déjà lu cette critique?

Kritik
Hast du diese Kritik schon gelesen?

critiquer [kʀitike]
Les journaux critiquent le gouvernement.

kritisieren
Die Zeitungen kritisieren die Regierung.

croire [kʀwaʀ]
Pourquoi est-ce que tu ne veux pas me croire?
Je crois qu'il va venir à la fête.
Veuillez croire, Madame, Monsieur, à l'expression de mes sentiments les meilleurs. [lettre]

glauben
Warum willst du mir nicht glauben?

Ich glaube, er kommt zum Fest.
Mit freundlichen Grüßen [Schlussformel im Brief]

   incroyable [ɛ̃kʀwajabl]
   C'est incroyable!

unglaublich
Das ist unglaublich!

croissant (m.) [kʀwasɑ̃]
Le dimanche, nous mangeons des croissants au petit-déjeuner.

Croissant
Sonntags essen wir Croissants zum Frühstück.

cuiller / cuillère (f.) [kɥijɛʀ]
Où sont les cuillères à café?

Löffel
Wo sind die Kaffeelöffel?

cuir (m.) [kɥiʀ]
Il s'est acheté un manteau en cuir.

Leder
Er hat sich einen Ledermantel gekauft.

cuire [kɥiʀ]
Ne fais pas trop cuire la viande!
Un steak bien cuit, s'il vous plaît!

kochen, braten
Brate das Fleisch nicht zu lange!
Ein Steak, gut durchgebraten, bitte!

cuisine (f.) [kɥizin]
Je n'aime pas manger dans la cuisine.
Je n'aime pas faire la cuisine.

Küche
Ich esse nicht gerne in der Küche.
Ich koche nicht gerne.

curieux, curieuse [kyʀjø / kyʀjøz]
Vous êtes trop curieuse, Mademoiselle!
C'est curieux qu'on ne le voie plus.

neugierig, seltsam
Sie sind zu neugierig, Mademoiselle!
Seltsam, dass man ihn nicht mehr sieht.

D

danger (m.) [dɑ̃ʒe]
Elle aime bien le danger.

Gefahr
Sie liebt die Gefahr sehr.

dangereux, dangereuse [dɑ̃ʒʀø / dɑ̃ʒʀøz]
Virage dangereux!

gefährlich
Gefährliche Kurve!

dans [dɑ̃]
Je lui ai donné rendez-vous dans un café.

in
Ich habe mich mit ihm / ihr in einem Café verabredet.

danse (f.) [dɑ̃s]
Elle suit des cours de danse.

Tanz
Sie macht / besucht einen Tanzkurs.

danser [dɑ̃se]
Je ne sais pas danser.

tanzen
Ich kann nicht tanzen.

date (f.) [dat]
Vous restez jusqu'à quelle date?

Datum, Termin
Bis wann / zu welchem Datum bleiben Sie?

davantage [davɑ̃taʒ]
On devrait lire davantage.

mehr
Man müsste mehr lesen.

de, du, de l', de la, des [də / dy / dəl / dəla / de]
Je vais acheter de la bière.
On a encore du pain à la maison?
Que voulez-vous, ce ne sont que des enfants!

von [Teilungsartikel]
Ich werde Bier kaufen.
Haben wir noch Brot im Haus?
Was wollen Sie, das sind doch nur Kinder!

debout [dəbu]
Il est resté debout dans le train de Paris à Metz.

aufrecht, stehend
Er hat im Zug von Paris bis Metz gestanden.

se débrouiller [sədebʀuje]
Il se débrouille assez bien en français.

sich zu helfen wissen, zurechtkommen
Er kommt ganz gut mit dem Französischen zurecht.

début (m.) [deby]
Il viendra début septembre.

Anfang
Er kommt Anfang September.

débutant (m.), **-e** (f.) [debytɑ̃ / debytɑ̃t]
C'est un cours pour débutants.

Anfänger, Anfängerin
Das ist ein Anfängerkurs.

déchets (m. pl.) [deʃɛ]
Jetez les déchets dans le container!

Abfall
Werfen Sie den Abfall in den Container!

décider [deside]
C'est décidé, nous achetons une maison.

entscheiden
Es ist entschieden, wir kaufen ein Haus.

se décider [sədeside]
Il a vraiment du mal à se décider.

sich entschließen
Es fällt ihm wirklich schwer, sich zu entscheiden.

décision (f.) [desizjɔ̃]
Les ministres de l'agriculture devraient prendre une décision lundi.

Entscheidung
Die Landwirtschaftsminister werden wohl am Montag eine Entscheidung treffen.

déclaration (f.) [deklaʀasjɔ̃]
Après les élections, le Président a fait une déclaration.

Erklärung
Nach den Wahlen gab der Präsident eine Erklärung ab.

déclarer [deklaʀe]
Je déclare la séance ouverte!

erklären
Ich erkläre die Sitzung für eröffnet!

déconseiller [dekɔ̃sɛje]
Je vous déconseille d'aller voir ce film.

abraten
Ich rate Ihnen davon ab, sich diesen Film anzusehen.

décrire [dekʀiʀ]
Vous pouvez me le décrire?

beschreiben
Können Sie ihn mir beschreiben?

dedans [dədɑ̃]
Qu'est-ce qu'il y a là-dedans?

darin
Was ist da drin?

défendre [defɑ̃dʀ]
Il est défendu de fumer ici.

verbieten
Es ist verboten, hier zu rauchen.

défense (f.) [defɑ̃s]
Il est ministre de la défense.
Défense de fumer!

Verteidigung, Verbot
Er ist Verteidigungsminister.
Rauchen verboten!

degré (m.) [dəgʀe]
Il fait 22 degrés à Nantes.

Grad
In Nantes sind 22 Grad.

dehors [dəɔʀ]
Les enfants, allez jouer dehors!

draußen
Kinder, geht nach draußen zum Spielen!

déjà [deʒa]
Vous êtes déjà allé en France?

schon
Sind Sie schon einmal in Frankreich gewesen?

déjeuner [deʒœne]
On déjeune ensemble lundi?

zu Mittag essen
Essen wir Montagmittag zusammen?

déjeuner (m.) [deʒœne]
Le déjeuner est servi entre midi et 14 heures.

Mittagessen
Mittagessen von 12 bis 14 Uhr.

   petit déjeuner (m.) [pətideʒœne]
   Au petit déjeuner, je mange des croissants.

Frühstück
Zum Frühstück esse ich Croissants.

demain [dəmɛ̃]
Vous pourrez le joindre demain matin à partir de 10 heures.

morgen
Sie können ihn morgen früh ab 10 Uhr erreichen.

   après-demain [apʀɛdəmɛ̃]
   Il arrive après-demain.

übermorgen
Er kommt übermorgen an.

demande (f.) [dəmɑ̃d]
Sa demande a été refusée.

Antrag
Sein Antrag ist abgelehnt worden.

demander [dəmɑ̃de]
Est-ce que je peux vous demander quelque chose?
Le patron de Brigitte lui a demandé de travailler jusqu'au 15 juillet.

fragen, bitten
Kann ich Sie etwas fragen / um etwas bitten?
Brigittes Chef hat sie gebeten, bis zum 15. Juli zu arbeiten.

   redemander [ʀədəmɑ̃de]
   Je lui ai redemandé son adresse.

noch einmal fragen, bitten
Ich habe sie / ihn noch einmal nach ihrer / seiner Adresse gefragt.

démarrer [demaʀe]
La voiture ne démarre pas.

anfahren, anspringen
Der Wagen springt nicht an.

déménager [demenaʒe]
Ils ont déménagé il y a deux mois.

umziehen
Sie sind vor zwei Monaten umgezogen.

demi, -e [dəmi]
On s'est donné rendez-vous à trois heures et demie.

halb
Wir haben uns für halb vier (Uhr) verabredet.

demi-pension (f.) [dəmipɑ̃sjõ]
Quel est le prix de la demi-pension?

Halbpension
Wie teuer ist Halbpension?

démocratie (f.) [demokʀasi]
Il a écrit un livre intéressant sur la démocratie française.

Demokratie
Er hat ein interessantes Buch über die französische Demokratie geschrieben.

démolir [demoliʀ]
Ils ont démoli toutes les vieilles maisons.

abreißen
Sie haben alle alten Häuser abgerissen.

démolition (f.) [demolisjõ]
Tout le quartier est en démolition.

Abriss
Das ganze Viertel wird abgerissen.

dent (f.) [dã]
J'ai mal aux dents.

Zahn
Ich habe Zahnschmerzen.

dentiste (m.) [dãtist]
Si tu as mal aux dents, va voir un dentiste!

Zahnarzt
Wenn du Zahnschmerzen hast, geh zum Zahnarzt!

départ (m.) [depaʀ]
Départ: 18h26

Abreise, Abfahrt
Abfahrt / Abreise: 18.26 Uhr

département (m.) [depaʀtəmã]
Le 43, c'est le département de la Haute-Loire.

Departement
43 ist das Departement Haute-Loire.

se dépêcher [sədepɛʃe]
Dépêche-toi, le train va partir!

sich beeilen
Beeil dich, der Zug fährt gleich ab!

dépendre [depãdʀ]
Ça dépendra du temps.

abhängen
Das hängt vom Wetter ab.

dépense (f.) [depãs]
Le mois dernier, j'ai fait beaucoup de dépenses.

Ausgaben
Im letzten Monat habe ich viele Ausgaben gehabt.

dépenser [depãse]
Tu dépenses trop d'argent.

ausgeben
Du gibst zu viel (Geld) aus.

depuis [dəpɥi]
Il y a des bouchons depuis Paris.
Je la connais depuis deux ans.

seit, von ... an
Von Paris an gibt es Staus.
Ich kenne sie seit zwei Jahren.

depuis que [dəpɥikə]
Depuis qu'il est malade, je ne le vois plus.

seitdem, seit
Seitdem er krank ist, sehe ich ihn nicht mehr.

député (m.), **-e** (f.) [depyte]
Les députés de l'opposition sont contre le projet de loi.

Abgeordneter, Abgeordnete
Die Abgeordneten der Opposition sind gegen den Gesetzentwurf.

déranger [deʀãʒe]
Je vous dérange?

stören
Störe ich (Sie)?

dernier, dernière [dɛʀnje / dɛʀnjɛʀ]
J'aurais bien aimé voir son dernier film.

Je l'ai vue la semaine dernière.
C'est bien la dernière fois que je les invite!

letzter, letzte, letztes
Ich hätte gerne seinen / ihren letzten Film gesehen.
Ich habe sie letzte Woche gesehen.
Das ist nun wohl das letzte Mal, dass ich sie einlade!

derrière [dɛʀjɛʀ]
On a un grand jardin derrière la maison.

hinter
Wir haben einen großen Garten hinter dem Haus.

désagréable [dezagʀeabl]
Mon patron est désagréable.

unangenehm
Mein Chef ist unangenehm.

descendre [desɑ̃dʀ]
Je vais descendre avec vous.

La nuit prochaine, la température descendra au-dessous de zéro.
Je suis descendue à l'Hôtel du Lac.

aussteigen, hinuntergehen, sinken
Ich gehe mit Ihnen hinunter / steige mit Ihnen aus.
In der kommenden Nacht wird das Thermometer unter Null fallen.
Ich wohne / bin abgestiegen im Hôtel du Lac.

redescendre [ʀədesɑ̃dʀ]
Je redescends chercher les valises.

wieder nach unten gehen
Ich gehe noch einmal hinunter und hole die Koffer.

désirer [deziʀe]
Que désirez-vous?

wünschen
Was wünschen Sie?

désolé, -e [dezole]
Désolé, je ne vous comprends pas.

traurig
Tut mir Leid, ich verstehe Sie nicht.

dessert (m.) [desɛʀ]
Qu'est-ce que vous prenez comme dessert?

Nachtisch
Was nehmen Sie als Nachtisch?

dessous [dəsu]
Le prix est marqué dessous.
L'appartement du dessous est encore beaucoup plus petit.

darunter
Der Preis ist darunter angegeben.
Die Wohnung darunter ist noch viel kleiner.

au-dessous [odsu]
La nuit prochaine, la température descendra au-dessous de zéro.

unter
In der kommenden Nacht wird das Thermometer unter Null fallen.

en-dessous [ɑ̃dsu]
Entrée gratuite pour les enfants en dessous de 10 ans.

unter
Freier Eintritt für Kinder unter 10 Jahren.

là-dessous [ladsu]
Regarde là-dessous, tes clés y sont peut-être!

darunter
Schau mal darunter, vielleicht sind deine Schlüssel da!

dessus [dəsy]
Attention, vous allez marcher dessus!

   au-dessus [odsy]
   L'avion est au-dessus des nuages.

   là-dessus [ladsy]
   Ecrivez là-dessus!

détail (m.) [detaj]
On ne peut pas entrer dans les détails.

développement (m.) [devlɔpmɑ̃]
Il faudra attendre le développement de cette affaire.

se développer [sədevlɔpe]
Je me demande comment cette entreprise s'est développée.

devant [dəvɑ̃]
Il m'attend devant le café.

devenir [dəvniʀ]
Elle veut devenir médecin.
Alors, qu'est-ce que tu deviens?

déviation (f.) [devjasjɔ̃]
On a perdu une heure à cause de la déviation.

deviner [dəvine]
Devine ce qu'il fait maintenant!

devoir [dəvwaʀ]
Combien je vous dois?
Je dois être à la gare dans 5 minutes.

Tu devrais lui téléphoner.
Paul n'est pas venu. Il doit être malade.

devoirs (m. pl.) [dəvwaʀ]
Son fils n'a pas fait ses devoirs.

dictionnaire (m.) [diksjɔnɛʀ]
Regarde dans le dictionnaire!

différence (f.) [difeʀɑ̃s]
Il y a une grande différence de prix entre ces deux modèles.

darauf
Vorsicht, Sie treten gleich darauf!

darüber
Das Flugzeug fliegt über den Wolken.

darauf
Schreiben Sie hier darauf!

Einzelheit
Wir können nicht in die Einzelheiten gehen.

Entwicklung
Wir müssen abwarten, wie sich die Angelegenheit entwickelt.

sich entwickeln
Ich frage mich, wie diese Firma / dieses Unternehmen sich entwickelt hat.

vor
Er wartet vor dem Café auf mich.

werden
Sie will Ärztin werden.
Sag, was machst du / was treibst du so?

Umleitung
Wir haben wegen der Umleitung eine Stunde verloren.

raten
Rat mal, was er jetzt macht!

müssen, schulden
Wie viel schulde ich Ihnen?
Ich muss in fünf Minuten am Bahnhof sein.
Du solltest ihn / sie anrufen.
Paul ist nicht gekommen. Er muss krank sein.

Hausaufgaben
Sein / ihr Sohn hat die Hausaufgaben nicht gemacht.

Wörterbuch
Sieh im Wörterbuch nach!

Unterschied
Es gibt einen großen Preisunterschied zwischen diesen beiden Modellen.

différent, -e [difeʀɑ̃ / difeʀɑ̃t]
Dans ce cas, c'est différent.

verschieden
In diesem Fall ist es anders.

difficile [difisil]
Il a un travail difficile.
Il est difficile de trouver un emploi après 45 ans.

schwierig
Er hat eine schwierige Arbeit.
Es ist schwer, noch eine Anstellung zu finden, wenn man über 45 ist.

difficulté (f.) [difikylte]
Elle a beaucoup de difficultés en ce moment.

Schwierigkeit
Sie hat zur Zeit viele Schwierigkeiten.

dimanche (m.) [dimɑ̃ʃ]
Je repars dimanche après-midi.

Sonntag
Ich fahre am Sonntagnachmittag wieder ab.

diminuer [diminɥe]
Les frais de chauffage ont diminué.

sinken, weniger werden
Die Heizkosten sind gesunken.

dîner [dine]
On dîne au restaurant ce soir.

zu Abend essen
Wir essen heute im Restaurant zu Abend.

dîner (m.) [dine]
Le dîner est servi!

Abendessen
Das Abendessen ist angerichtet!

dire [diʀ]
Pourriez-vous me dire combien coûte un billet pour Paris?
Qu'est-ce que ça veut dire?
Je lui ai dit de venir samedi.

Qu'est-ce que vous diriez d'une bonne bière?

sagen
Können Sie mir sagen, wie viel eine Fahrkarte nach Paris kostet?
Was soll das heißen?
Ich habe ihn gebeten, am Samstag / Sonnabend zu kommen.
Was würden Sie zu einem guten Glas Bier sagen?

    redire [ʀədiʀ]
    Je le lui ai redit, mais il a encore oublié.

noch einmal sagen
Ich es ihm noch einmal gesagt, aber er hat es wieder vergessen.

direct, -e [diʀɛkt]
C'est un train direct.
C'est le chemin le plus direct.

direkt
Das ist ein direkter Zug.
Das ist der direkteste / kürzeste Weg.

    indirect, -e [ɛ̃diʀɛkt]
    Je préfère la lumière indirecte.

indirekt
Ich habe indirektes Licht lieber.

directeur (m.), **directrice** (f.) [diʀɛktœʀ / diʀɛktʀis]
Je voudrais parler au directeur.

Direktor, Direktorin
Ich möchte gerne den Direktor sprechen.

direction (f.) [diʀɛksjɔ̃]
Prenez la direction de Strasbourg.
Il a pris la direction de l'entreprise le mois dernier.

Richtung, Leitung
Fahren Sie Richtung Straßburg.
Er hat im letzten Monat die Leitung der Firma übernommen.

discussion (f.) [diskysjõ]
Il a eu une longue discussion avec son patron.

Diskussion
Er hat eine lange Diskussion mit seinem Chef geführt.

discutable [diskytabl]
Cette proposition est discutable.

umstritten
Dieser Vorschlag ist umstritten.

indiscutable [ɛ̃diskytabl]
C'est une preuve indiscutable.

hieb- und stichfest
Das ist ein hieb- und stichfester Beweis.

discuter [diskyte]
Nous avons longtemps discuté de cette affaire.

diskutieren
Wir haben sehr lange über diese Angelegenheit diskutiert.

disparaître [dispaʀɛtʀ]
Mes clés ont disparu!

verschwinden
Meine Schlüssel sind verschwunden!

disque (m.) [disk]
Voici ma collection de disques.

Schallplatte
Hier ist meine Plattensammlung.

disque dur (m.) [diskədyʀ]
Il a changé le disque dur de son ordinateur.

Festplatte
Er hat die Festplatte seines Computers ausgewechselt.

disquette (f.) [diskɛt]
Il a mis le texte sur disquette.

Diskette
Er hat den Text auf Diskette gespeichert.

distance (f.) [distɑ̃s]
Quelle est la distance entre Paris et Bordeaux?

Entfernung
Wie groß ist die Entfernung zwischen Paris und Bordeaux?

distingué, -e [distɛ̃ge]
Veuillez croire à l'expression de mes sentiments distingués. [lettre]

ausgezeichnet, vornehm
Mit freundlichen Grüßen [Schlussformel im Brief]

distribuer [distʀibɥe]
Ils ont distribué des journaux gratuits.

verteilen
Sie haben kostenlose Zeitungen verteilt.

distributeur (m.) [distʀibytœʀ]
Il y a un distributeur de boissons dans le couloir.

Automat
Im Gang steht ein Getränkeautomat.

divorcer [divɔʀse]
Ils ont divorcé l'année dernière.

sich scheiden lassen
Sie haben sich letztes Jahr scheiden lassen.

docteur (m.) [dɔktœʀ]
Le docteur lui a dit de prendre ces médicaments.

Doktor, Arzt
Der Arzt hat ihm / ihr gesagt, dass er / sie diese Medikamente nehmen soll.

document (m.) [dɔkymɑ̃]
Il faut signer ce document.

Dokument
Sie müssen dieses Dokument unterschreiben.

doigt (m.) [dwa]
Je me suis cassé le doigt.

Finger
Ich habe mir den Finger gebrochen.

dommage [dɔmaʒ]
C'est dommage, mais je ne pourrai pas venir.

schade
Schade, aber ich kann nicht kommen.

donc [dõk]
Donc, vous n'êtes pas d'accord?
Venez donc dîner à la maison!

also, doch
Sind Sie also nicht einverstanden?
Kommen Sie doch zum Abendessen zu uns nach Hause!

donner [dɔne]
Pourriez-vous me donner votre nom?
Donnez-moi votre carte!

geben
Sagen Sie mir bitte Ihren Namen?
Geben Sie mir Ihre Karte!

  redonner [Rədɔne]
  Il m'a redonné son adresse, mais je l'ai encore perdue.

  wieder / noch einmal geben
  Er hat mir seine Adresse noch einmal gegeben, aber ich habe sie wieder verloren.

donner sur [dɔnesyR]
La chambre donne sur la cour.

hinausgehen auf
Das Zimmer geht zum Hof hinaus.

dont [dõ]
Voilà les photos dont je t'ai parlé.

dessen, deren, von dem / der
Das sind die Fotos, von denen ich dir erzählt habe.

dormir [dɔRmiR]
Vous avez bien dormi?

schlafen
Haben Sie gut geschlafen?

dos (m.) [do]
J'ai mal au dos.

Rücken
Ich habe Rückenschmerzen.

douane (f.) [dwan]
Nous avons été contrôlés à la douane.

Zoll
Wir sind beim Zoll kontrolliert worden.

double (m.) [dubl]
Donnez-m'en le double, s'il vous plaît!

Doppel, das Doppelte
Geben Sie mir bitte das Doppelte (davon)!

en double [ãdubl]
Vous pouvez prendre ce livre, je l'ai en double.

doppelt
Sie können dieses Buch nehmen, ich habe es doppelt.

douche (f.) [duʃ]
Je vais prendre une douche.
Il y a une douche dans chaque chambre.

Dusche
Ich werde unter die Dusche gehen.
In jedem Zimmer ist eine Dusche.

doute (m.) [dut]
J'ai des doutes!

Zweifel, Bedenken
Ich habe da Bedenken!

douter [dute]
Lui, malade? J'en doute!

zweifeln
Er soll krank sein? Da habe ich meine Zweifel!

doux, douce [du / dus]
L'hiver a été très doux.

mild, sanft, süß
Der Winter war sehr mild.

drogue (f.) [dRɔg]
La vente de cette drogue est interdite.

Droge
Der Verkauf dieser Droge ist verboten.

drogué, -e [dRɔge]
Elle est droguée.

drogensüchtig, unter Drogen
Sie ist drogensüchtig / steht unter Drogen.

se droguer [sədRɔge]
Beaucoup de jeunes se droguent.

Drogen nehmen
Viele junge Leute nehmen Drogen.

droit, -e [dRwa / dRwat]
Depuis quelques jours, j'ai très mal au bras droit.

rechte, -r
Seit einigen Tagen habe ich große Schmerzen im rechten Arm.

tout droit [tudRwa]
Allez tout droit jusqu'à la place du marché!

geradeaus
Gehen Sie geradeaus bis zum Marktplatz!

droit (m.) [dRwa]
Vous n'avez pas le droit de dire cela!

Recht
Sie haben kein Recht, dies zu sagen!

drôle [dRol]
J'aime les histoires drôles.

lustig
Ich mag lustige Geschichten.

dur, -e [dyR]
Un œuf dur, s'il vous plaît!
Il fait un travail très dur.
Aujourd'hui, on a travaillé dur.

hart
Ein hart gekochtes Ei, bitte!
Er hat eine sehr harte Arbeit.
Heute haben wir hart gearbeitet.

durée (f.) [dyRe]
Elle est partie à l'étranger pour une durée de deux ans.

Dauer
Sie ist für zwei Jahre / für die Dauer von zwei Jahren ins Ausland gegangen.

durer [dyRe]
Ce repas a duré bien longtemps.

dauern
Dieses Essen hat ziemlich lange gedauert.

E

eau (f.) [o]
Il n'y a pas d'eau chaude.

Wasser
Es gibt / Da ist kein warmes Wasser.

eau gazeuse (f.) [ogazøz]
Je n'aime pas l'eau gazeuse.

Sprudelwasser
Ich mag Sprudelwasser nicht.

eau minérale (f.) [omineʀal]
Une eau minérale, s'il vous plaît!

Mineralwasser
Ein Mineralwasser, bitte!

échange (m.) [eʃɑ̃ʒ]
Il y a un échange entre ces deux écoles.

Austausch, Tausch
Zwischen diesen beiden Schulen gibt es einen Austausch.

échanger [eʃɑ̃ʒe]
Vous pouvez échanger cet article?

tauschen, umtauschen, austauschen
Können Sie diesen Artikel umtauschen?

école (f.) [ekɔl]
C'est mon mari qui conduit les enfants à l'école.

Schule
Die Kinder werden von meinem Mann zur Schule gefahren.

économie (f.) [ekɔnɔmi]
Il est étudiant en économie.

Wirtschaft
Er studiert Wirtschaftswissenschaften.

économies (f. pl.) [ekɔnɔmi]
Nous faisons des économies pour nous acheter une maison.

Ersparnisse
Wir sparen, um uns ein Haus zu kaufen.

économique [ekɔnɔmik]
Actuellement, la situation économique est mauvaise.

wirtschaftlich, Wirtschafts-
Zur Zeit ist die Wirtschaftslage schlecht.

écouter [ekute]
J'ai écouté, mais je n'ai rien compris.

hören, zuhören
Ich habe zugehört, aber ich habe nichts verstanden.

Allô, j'écoute!
Ecoute, j'arrive dans dix minutes!

Hallo, ich höre!
Hör zu, ich komme in zehn Minuten!

écran (m.) [ekʀɑ̃]
C'est un télé à grand écran.
Nettoyez l'écran de votre ordinateur!

Bildschirm
Das ist ein Fernseher mit Großbildschirm.
Reinigen Sie den Bildschirm Ihres Computers!

écrire [ekʀiʀ]
Laissez-nous votre adresse, on vous écrira.

schreiben
Lassen Sie uns Ihre Adresse hier, wir schreiben Ihnen.

écrit, -e [ekʀi / ekʀit]
Faites une demande par écrit.

geschrieben, schriftlich
Stellen Sie einen schriftlichen Antrag.

effet (m.) [efɛ]
Ce médicament n'a aucun effet.

Wirkung
Dieses Medikament wirkt überhaupt nicht.

en effet [ɑ̃nefɛ]
En effet, c'est bien ici.

tatsächlich
Ja, tatsächlich, hier ist es.

efficace [efikas]
C'est un moyen très efficace.

wirksam
Das ist ein sehr wirksames Mittel.

effort (m.) [efɔʀ]
Il faut faire des efforts pour réussir.

Anstrengung, Mühe
Man muss sich anstrengen, wenn man Erfolg haben will.

égal, -e [egal]
Tout lui est égal.

egal, gleichgültig
Ihm / Ihr ist alles egal.

église (f.) [egliz]
J'aime bien visiter les églises.

Kirche
Ich besichtige gerne Kirchen.

élection (f.) [elɛksjõ]
Les élections européennes auront lieu dans deux semaines.

Wahl
Die Europawahlen finden in zwei Wochen statt.

électricité (f.) [elɛktʀisite]
On nous a coupé l'électricité.

Elektrizität, Strom
Man hat uns den Strom gesperrt.

électrique [elɛktʀik]
C'est un appareil électrique.

elektrisch
Das ist ein elektrisches Gerät.

électronique [elɛktʀɔnik]
Vous avez le courrier électronique?

elektronisch
Haben Sie E-Mail?

élégant, -e [elegã / elegãt]
C'est une femme très élégante.

elegant
Das ist eine sehr elegante Frau.

élève (m. / f.) [elɛv]
J'ai toujours été un mauvais élève.

Schüler, Schülerin
Ich war immer ein schlechter Schüler.

élever [elve]
Elle a élevé cinq enfants.

erziehen, aufziehen, großziehen
Sie hat fünf Kinder großgezogen.

élire [eliʀ]
Le Président est élu pour trois ans.

wählen
Der Präsident ist für drei Jahre gewählt.

elle, elles, elle-même, elles-mêmes [ɛl / ɛlmɛm]
Elle est allée le voir elle-même.

sie, sie selbst

Sie hat ihn selbst besucht.

e-mail (m.) [imel]
J'ai bien reçu votre e-mail.

E-Mail
Ich habe Ihre E-Mail erhalten.

embarrassé, -e [ãbaʀase]
Cette question m'a bien embarrassée.

verlegen
Diese Frage hat mich sehr in Verlegenheit gebracht.

embêtant, -e [ãbetã / ãbetãt]
Quel film embêtant!
Il n'est pas encore là? C'est embêtant!

dumm, blöd
Was für ein blöder Film!
Ist er noch nicht da? Das ist dumm!

embrasser [ãbʀase]
Je t'embrasse!

umarmen
Lass dich umarmen!

émigration (f.) [emigʀasjõ]
La Pologne est un pays à forte émigration.

Auswanderung
Polen ist ein großes Auswanderungsland.

émigré, -e [emigʀe]
Il y a beaucoup d'émigrés en France.

ausgewandert, zugewandert
Es gibt viele Emigranten in Frankreich.

émigrer [emigʀe]
Beaucoup d'Européens ont émigré au Canada.

auswandern
Viele Europäer sind nach Kanada ausgewandert.

émission (f.) [emisjõ]
Ce soir, il y a beaucoup d'émissions intéressantes à la télé.

Sendung
Heute Abend gibt es viele interessante Sendungen im Fernsehen.

emmener [ãmne]
Je vous emmène jusqu'au carrefour.

Elle emmène régulièrement ses enfants au théâtre.

mitnehmen
Ich bringe Sie / nehme Sie mit bis zur Kreuzung.

Sie geht regelmäßig mit ihren Kindern ins Theater.

empêcher [ãpɛʃe]
Je ne peux pas t'empêcher de partir.

hindern
Ich kann dich nicht daran hindern fortzugehen.

emploi (m.) [ãplwa]
Elle a perdu son emploi l'année dernière.

Stellung, Beschäftigung
Sie hat im letzten Jahr ihre Stelle verloren.

emporter [ãpɔʀte]
Je peux emporter tes affaires.

mitnehmen
Ich kann deine Sachen mitnehmen.

employé (m.), **-e** (f.) [ãplwaje]
Je suis employé de banque.

Angestellter, Angestellte
Ich bin Bankangestellter.

emprunter [ãpʀɛ̃te]
Voilà le livre que j'ai emprunté à la bibliothèque.

leihen
Das ist das Buch, das ich von der Bibliothek ausgeliehen habe.

en [ã]
Il habite en Espagne.
Quand en auras-tu besoin?
J'en ai assez!
62 € en première classe.
C'est un sac en cuir.

in, nach, davon
Er wohnt in Spanien.
Wann brauchst du das?
Ich habe genug (davon)!
62 Euro in der ersten Klasse.
Das ist eine Ledertasche.

enchanté, -e [ãʃãte]
Enchanté de faire votre connaissance!

erfreut
Sehr erfreut, Sie kennen zu lernen!

encore [ãkɔʀ]
Vous êtes encore là!
Vous prendrez bien encore un verre?

noch
Sie sind ja noch da!
Sie trinken doch noch ein Glas?

en-dessous [ɑ̃dsu]
Entrée gratuite pour les enfants en-dessous de 10 ans.

unter
Freier Eintritt für Kinder unter 10 Jahren.

endroit (m.) [ɑ̃dʀwa]
C'est un endroit charmant.

Stelle, Ort
Das ist ein reizender Ort.

énergie (f.) [enɛʀʒi]
La France produit beaucoup d'énergie nucléaire.

Energie
Frankreich produziert viel Kernenergie.

enfant (f. / m.) [ɑ̃fɑ̃]
Les Delarue ont quatre enfants.

Kind
Die Delarues haben vier Kinder.

    petits-enfants (m. pl.) [pətizɑ̃fɑ̃]
    Elle a quatre petits-enfants.

Enkelkinder
Sie hat vier Enkel(kinder).

enfin [ɑ̃fɛ̃]
J'ai enfin trouvé son adresse!

schließlich, endlich
Ich habe seine / ihre Adresse endlich gefunden!

enlever [ɑ̃lve]
Vous pouvez enlever votre manteau.

ausziehen, abnehmen
Sie können Ihren Mantel ausziehen.

s'ennuyer [sɑ̃nɥije]
Nous nous sommes ennuyés pendant les vacances.

sich langweilen
Während der Ferien haben wir uns gelangweilt.

ennuyeux, ennuyeuse [ɑ̃nɥijø / ɑ̃nɥijøz]
Quel film ennuyeux!
C'est ennuyeux, mais je n'ai plus son adresse.

langweilig, ärgerlich

Was für ein langweiliger Film!
Das ist ärgerlich, aber ich habe seine / ihre Adresse nicht mehr.

énorme [enɔʀm]
Il est énorme, ce steak!

enorm, riesig
Das Steak ist ja riesig!

enseignant (m.), **-e** (f.) [ɑ̃sɛɲɑ̃ / ɑ̃sɛɲɑ̃t]
Elle est enseignante.

Lehrer, Lehrerin
Sie unterrichtet / ist Lehrerin.

enseignement (m.) [ɑ̃sɛɲəmɑ̃]
Il est dans l'enseignement.

das Unterrichten, Schuldienst
Er ist Lehrer / im Schuldienst tätig.

enseigner [ɑ̃sɛɲe]
Il enseigne le français.

unterrichten
Er unterrichtet Französisch.

ensemble [ɑ̃sɑ̃bl]
Ils ont décidé de partir ensemble en vacances.

zusammen
Sie haben beschlossen, zusammen in Urlaub zu fahren.

ensuite [ɑ̃sɥit]
Ensuite, nous sommes allés au restaurant.

danach, dann
Danach sind wir ins Restaurant gegangen.

entendre – envoyer

entendre [ãtãdʀ]
Je n'ai pas entendu ce que vous avez dit.

hören
Ich habe nicht gehört, was Sie gesagt haben.

s'entendre [sãtãdʀ]
Il ne s'entend pas très bien avec son collègue.

sich verstehen
Er versteht sich mit seinem Kollegen nicht besonders gut.

malentendant (m.), **-e** (f.) [malãtãdã / malãtãdãt]
C'est un appareil pour malentendants.

Schwerhöriger, Schwerhörige

Das ist ein Apparat für Schwerhörige.

entre [ãtʀ]
Elle a une maison de campagne entre Paris et Chartres.

zwischen
Sie hat ein Landhaus zwischen Paris und Chartres.

entrée (f.) [ãtʀe]
L'entrée du magasin est au coin de la rue.

Eingang
Der Eingang des Geschäfts ist an der Straßenecke.

entreprise (f.) [ãtʀəpʀiz]
Il travaille dans une grande entreprise.

Firma, Unternehmen
Er arbeitet in einer großen Firma.

entrer [ãtʀe]
Entrez!
Quand il a commencé à pleuvoir, nous sommes entrés dans un café.

eintreten, hineingehen
Herein!
Als es zu regnen begann, sind wir in ein Café gegangen.

enveloppe (f.) [ãvlɔp]
Vous avez des enveloppes et des timbres?

Umschlag
Haben Sie Umschläge und Briefmarken?

envie (f.) [ãvi]
Tu as envie d'aller au théâtre?

Lust
Hast du Lust, ins Theater zu gehen?

environ [ãviʀõ]
Il nous a rendu visite il y a environ deux mois.
C'est une femme d'environ 50 ans.

ungefähr, etwa
Er hat uns vor ungefähr zwei Monaten besucht.
Das ist eine Frau um die 50.

environnement (m.) [ãviʀɔnmã]
Il y a encore beaucoup à faire pour la protection de l'environnement.

Umwelt
Für den Umweltschutz gibt es noch viel zu tun.

environs (m. pl.) [ãviʀõ]
Il habite dans les environs de Paris.

Umgebung
Er wohnt in der Umgebung von Paris.

envoyer [ãvwaje]
Il nous a envoyé une carte postale.

schicken
Er hat uns eine Postkarte geschickt.

renvoyer [ʀãvwaje]
Renvoyez-nous la lettre signée.

zurückschicken
Schicken Sie uns den Brief unterschrieben zurück.

épais, -se [epɛ / epɛs]
Cette tranche de jambon est trop épaisse.
Il y a un brouillard épais.

dick, dicht
Diese Scheibe Schinken ist zu dick.
Es herrscht dichter Nebel.

épicerie (f.) [episʀi]
Est-ce qu'il y a une épicerie dans le coin?

Lebensmittelgeschäft
Ist hier in der Gegend / in der Nähe ein Lebensmittelgeschäft?

époque (f.) [epɔk]
A cette époque, il y avait beaucoup moins de chômage qu'aujourd'hui.

Epoche, Zeit
Damals gab es viel weniger Arbeitslosigkeit als heute.

équipe (f.) [ekip]
Mon frère fait partie d'une équipe de sport.

Mannschaft
Mein Bruder gehört zu einer Sportmannschaft.

erreur (f.) [eʀœʀ]
Vous êtes sûr que vous n'avez pas fait d'erreur?

Irrtum, Fehler
Sind Sie sicher, dass Sie keinen Fehler gemacht haben / sich nicht geirrt haben?

escalier (m.) [ɛskalje]
Pas besoin de prendre l'escalier, il y a un ascenseur.

Treppe
Nicht nötig, die Treppe hinaufzugehen, es gibt einen Fahrstuhl.

espace (m.) [ɛspas]
Il n'y a pas d'espaces verts dans cette ville.

Raum, Fläche
Es gibt in dieser Stadt keine Grünflächen.

espérer [ɛspeʀe]
J'espère vous revoir bientôt.
J'espère qu'il fera beau demain.

hoffen
Ich hoffe, Sie bald wieder zu sehen.
Ich hoffe, dass morgen schönes Wetter ist.

essai (m.) [ese]
Vous pouvez garder la voiture quelques jours à l'essai.

Versuch, Probe
Sie können den Wagen einige Tage zur Probe behalten.

essayer [eseje]
Je peux essayer ce pull-over?
On va essayer de le retrouver.

versuchen, probieren
Kann ich diesen Pullover anprobieren?
Wir werden versuchen, ihn wieder zu finden.

essence (f.) [esɑ̃s]
On n'a presque plus d'essence.

Benzin
Wir haben fast kein Benzin mehr.

est (m.) [ɛst]
Ils habitent dans l'Est de la France.

Osten
Sie wohnen in Ostfrankreich.

estomac (m.) [ɛstoma]
J'ai mal à l'estomac.

Magen
Ich habe Magenschmerzen.

et [e]
Ma femme et moi, nous avons passé nos vacances en Italie.
Et pourquoi voulez-vous quitter Marseille?

und
Meine Frau und ich haben die Ferien in Italien verbracht.
Und warum wollen Sie Marseille verlassen?

étage (m.) [etaʒ]
Notre immeuble a quatre étages.

Etage, Stockwerk
Unser Wohnhaus hat vier Etagen.

état (m.) [eta]
Son état de santé est grave.
Fais attention, les routes sont en mauvais état!

Zustand
Sein Gesundheitszustand ist ernst.
Pass auf, die Straßen sind in schlechtem Zustand!

Etat (m.) [eta]
Notre organisation a reçu une aide de l'Etat.

Staat
Unsere Organisation hat vom Staat eine Unterstützung erhalten.

éteindre [etɛ̃dʀ]
Eteins la lumière, s'il te plaît.

ausmachen, löschen
Mach das Licht aus, bitte.

étoile (f.) [etwal]
Nous sommes descendus dans un hôtel deux étoiles.

Stern
Wir sind in einem 2-Sterne-Hotel abgestiegen.

étranger (m.) [etʀɑ̃ʒe]
Il vient de l'étranger.

Ausland
Er kommt aus dem Ausland.

étranger (m.), **étrangère** (f.) [etʀɑ̃ʒe / etʀɑ̃ʒɛʀ]
Sa femme est étrangère.

Ausländer, Ausländerin

Seine Frau ist Ausländerin.

être [ɛtʀ]
Il est secrétaire.
Elle est à Paris.
Vous êtes de Grenoble?
Ils sont sans argent.
Cet enfant est toujours avec sa mère.

Etes-vous pour ou contre le nucléaire?
C'est la valise de Monsieur Duchamp.
Il est 5 heures.
Ils sont venus.
Je me suis promenée.
La porte est ouverte.

sein
Er ist Sekretär.
Sie ist in Paris.
Kommen / Stammen Sie aus Grenoble?
Sie haben kein Geld / sind mittellos.
Dieses Kind ist immer mit seiner Mutter zusammen.
Sind Sie für oder gegen die Kernkraft?
Das ist der Koffer von Herrn Duchamp.
Es ist 5 Uhr.
Sie sind gekommen.
Ich bin spazieren gegangen.
Die Tür ist offen.

étroit, -e [etʀwa / etʀwat]
Avant les travaux, la rue était très étroite.

eng
Vor den Bauarbeiten war die Straße sehr eng.

études (f. pl.) [etyd]
Vous avez fait des études?

Studium
Haben Sie studiert?

étudiant (m.), **-e** (f.) [etydjɑ̃ / etydjɑ̃t]
Elle est étudiante en médecine.

Student, Studentin
Sie studiert Medizin.

euro (m.) [øʀo]
Ça fait 120 euros.

Euro
Das macht 120 Euro.

eux, eux-mêmes [ø / ømɛm]
Ils ont réparé leur voiture eux-mêmes.

sie, sie selbst
Sie haben ihr Auto selbst repariert.

événement (m.) [evɛnmɑ̃]
Il faut fêter l'événement!
Tu as entendu parler des derniers événements?

Ereignis
Das Ereignis muss gefeiert werden!
Hast du von den letzten Ereignissen gehört?

évidemment [evidamɑ̃]
Il s'est evidemment trompé.
Vous acceptez? – Evidemment!

offensichtlich
Er hat sich offensichtlich geirrt.
Nehmen Sie an? – Na klar!

évident, -e [evidɑ̃ / evidɑ̃t]
C'est une preuve évidente.

offensichtlich, klar
Das ist ein klarer Beweis.

éviter [evite]
Evite de trop dépenser, il faut qu'on fasse des économies!

vermeiden
Gib nicht zu viel aus, wir müssen sparen!

exact, -e [ɛgzakt]
Vous avez l'heure exacte?
C'est exact!

genau
Haben Sie die genaue Uhrzeit?
Das stimmt genau!

inexact, -e [inɛgzakt]
Ce que vous dites est inexact!

ungenau
Was Sie da sagen, stimmt nicht!

exactement [ɛgzaktəmɑ̃]
On ne sait pas exactement quand il arrive.

genau
Wir wissen nicht genau, wann er ankommt.

exagérer [ɛgzaʒeʀe]
Mais enfin, tu exagères!

übertreiben
Na hör mal, du übertreibst aber!

examen (m.) [ɛgzamɛ̃]
Je n'ai qu'un seul examen à passer.

Prüfung
Ich brauche nur eine einzige Prüfung zu machen.

excellent, -e [ɛkselɑ̃ / ɛkselɑ̃t]
Le repas était excellent.

ausgezeichnet
Das Essen war ausgezeichnet.

excursion (f.) [ɛkskyʀsjɔ̃]
On va faire une excursion demain.

Ausflug
Wir werden morgen einen Ausflug machen.

excuser [ɛkskyze]
Excusez-moi de vous avoir dérangé.

entschuldigen
Entschuldigen Sie bitte, dass ich Sie gestört habe.

s'excuser [sɛkskyze]
Les enfants se sont excusés.

sich entschuldigen
Die Kinder haben sich entschuldigt.

exemple (m.) [ɛgzɑ̃pl]
C'est un mauvais exemple.

Beispiel
Das ist ein schlechtes Beispiel.

par exemple [paRɛgzɑ̃pl]
Est-ce que vous lisez des journaux français, Le Monde par exemple?

zum Beispiel
Lesen Sie französische Zeitungen, Le Monde zum Beispiel?

exercice (m.) [ɛgzɛRsis]
Cet exercice est difficile.

Übung
Diese Übung ist schwer.

exister [ɛgziste]
Ce manteau existe aussi en bleu.

existieren
Diesen Mantel gibt es auch in Blau.

expérience (f.) [ɛkspeRijɑ̃s]
Il a 15 années d'expériences dans son métier.

Erfahrung
Er hat 15 Jahre Berufserfahrung.

explication (f.) [ɛksplikasjõ]
Il est parti sans aucune explication.

Erklärung
Er ist ohne jede Erklärung fortgegangen.

expliquer [ɛksplike]
Pouvez-vous m'expliquer la situation?

erklären
Können Sie mir die Lage erklären?

exportation (f.) [ɛkspɔRtasjõ]
Elle a travaillé dans le service Exportation.

Export
Sie hat in der Exportabteilung gearbeitet.

exporter [ɛkspɔRte]
La France exporte beaucoup de voitures.

exportieren
Frankreich exportiert viele Autos.

extérieur (m.) [ɛksteRjœR]
Sa maison n'est pas très belle de l'extérieur.

Außen(seite), Äußeres
Sein / Ihr Haus ist von außen nicht sehr schön.

extraordinaire [ɛkstRaɔRdinɛR]
C'est un film extraordinaire.

außergewöhnlich
Das ist ein außergewöhnlicher Film.

extrême [ɛkstRɛm]
Il est membre d'un groupe d'extrême droite.

extrem, äußerst
Er ist Mitglied einer rechtsextremen Gruppe.

F

en face de [ɑ̃fasdə]
Le cinéma est juste en face de l'hôtel.

gegenüber
Das Kino ist genau gegenüber vom Hotel.

fâché, -e [faʃe]
Tu n'es pas fâché, j'espère?

böse
Du bist hoffentlich nicht böse?

facile [fasil]
Cet exercice est facile à faire.

leicht
Diese Übung ist leicht zu machen.

facilement [fasilmã]
Si vous allez tout droit, vous trouverez facilement.

leicht
Wenn Sie ganz geradeaus gehen, finden Sie es leicht.

façon (f.) [fasõ]
Il s'habille d'une drôle de façon.
De toute façon, ça m'est égal!

Art und Weise
Er zieht sich komisch an.
Wie auch immer, mir ist das egal!

facteur (m.) [faktœR]
Est-ce que le facteur est déjà passé?

Briefträger
War der Briefträger schon da?

faible [fɛbl]
Il est encore trop faible pour se lever.

schwach
Er ist noch zu schwach, um aufzustehen.

faim (f.) [fɛ̃]
J'ai vraiment très faim.

Hunger
Ich habe wirklich großen Hunger.

faire [fɛR]
Notre boulanger fait du très bon pain.

Elle fait le ménage.
Vous faites du sport?
Qu'est-ce que vous faites dans la vie?
J'ai fait 6 km à pied.
Ça fait 23 euro.
Vous faites du combien? – Du 40.
Ne vous en faites pas! Ce n'est pas grave!
Il lui a fait mal.
Ça te ferait du bien.
Il fait beau.
Il a fait réparer la voiture.

machen
Unser Bäcker macht wirklich sehr gutes Brot.
Sie macht den Haushalt.
Treiben Sie Sport?
Was machen Sie beruflich?
Ich habe 6 Kilometer zu Fuß zurückgelegt.
Das macht 23 Euro.
Welche Größe haben Sie? – 40.
Machen Sie sich nichts daraus! Das ist nicht schlimm!
Er hat ihm / ihr wehgetan.
Das täte dir gut.
Es ist schön / schönes Wetter.
Er hat den Wagen reparieren lassen.

   refaire [RəfɛR]
   Ce travail est à refaire.

noch einmal machen
Diese Arbeit muss noch einmal gemacht werden.

famille (f.) [famij]
On va passer Noël en famille.

Familie
Wir werden Weihnachten in der Familie verbringen.

fantastique [fɑ̃tastik]
C'est fantastique!

fantastisch
Das ist fantastisch!

fatigué, -e [fatige]
Tu as l'air fatigué.

müde, erschöpft
Du siehst müde / erschöpft aus.

il faut [ilfo]
Il faut qu'il vienne me voir.
Il faut du beurre.
Il faut se dépêcher!

man muss, es muss
Er muss zu mir kommen / mich besuchen.
Wir brauchen Butter.
Wir müssen uns beeilen!

faute (f.) [fot]
Il parle bien, mais il fait des fautes.
Ce n'est pas de sa faute.

Fehler
Er spricht gut, aber er macht Fehler.
Das ist nicht seine / ihre Schuld.

fauteuil (m.) [fotœj]
Il a acheté un nouveau fauteuil.

Sessel
Er hat einen neuen Sessel gekauft.

fauteuil roulant (m.) [fotœjʀulɑ̃]
Depuis son accident, il est dans un fauteuil roulant.

Rollstuhl
Seit seinem Unfall sitzt er im Rollstuhl.

faux, fausse [fo / fos]
Cette réponse est fausse.
Il chante faux.

falsch
Diese Antwort ist falsch.
Er singt falsch.

fax (m.) [faks]
Envoyez-lui un fax!

Fax
Schicken Sie ihm / ihr ein Fax!

félicitations (f. pl.) [felisitasjɔ̃]
Toutes mes félicitations!

Glückwünsche
Herzlichen Glückwunsch!

femme (f.) [fam]
C'est une belle femme.
C'est sa deuxième femme.

Frau
Das ist eine schöne Frau.
Das ist seine zweite Frau.

fenêtre (f.) [fənɛtʀ]
Les fenêtres du salon donnent sur le parc.

Fenster
Die Wohnzimmerfenster gehen zum Park hinaus.

férié, -e [feʀje]
En France, le 14 juillet est jour férié.

Feier-
In Frankreich ist der 14. Juli ein Feiertag.

ferme (f.) [fɛʀm]
Les enfants ont visité une ferme.

Bauernhof
Die Kinder haben einen Bauernhof besichtigt.

fermer [fɛʀme]
Vous fermez à quelle heure?

schließen
Wann schließen Sie?

refermer [ʀəfɛʀme]
Refermez la porte, s'il vous plaît!

wieder schließen
Schließen Sie bitte wieder die Tür!

fermeture (f.) [fɛʀmətyʀ]
Fermeture le samedi à 22 heures

Schließung, Ladenschluss
Ladenschluss am Samstag um 22 Uhr

fête (f.) [fɛt]
J'organise une petite fête.
Demain c'est la Fête de la Musique.

Fest
Ich organisiere ein kleines Fest.
Morgen ist das Musikfest.

feu (m.) [fø] | Feuer
Vous avez du feu? | Haben Sie Feuer?
Au feu! | Feuer!

feu rouge (m.) [føRuʒ] | Ampel
Continuez tout droit jusqu'au feu rouge! | Gehen / Fahren Sie geradeaus weiter bis zur Ampel!

feuille (f.) [fœj] | Blatt
Les feuilles tombent déjà. | Die Blätter fallen schon.
Vous pouvez noter sur cette feuille de papier. | Sie können auf diesem Blatt Papier schreiben.

fièvre (f.) [fjɛvR] | Fieber
Elle a 39 de fièvre. | Sie hat 39 Fieber.

fille (f.) [fij] | Tochter, Mädchen
Il m'a présenté sa fille. | Er hat mir seine Tochter vorgestellt.
Elle a eu son bébé. C'est une fille. | Sie hat ihr Baby bekommen. Es ist ein Mädchen.

    petite-fille (f.) [pətitfij] | Enkelin
    J'ai deux petites-filles. | Ich habe zwei Enkelinnen.

film (m.) [film] | Film
Il y a un bon film ce soir à la télé. | Heute Abend kommt ein guter Film im Fernsehen.

fils (m.) [fis] | Sohn
Voilà mon fils. | Dies ist mein Sohn.

    petit-fils (m.) [pətifis] | Enkel
    Mon petit-fils a dix ans. | Mein Enkel ist 10 Jahre alt.

fin (f.) [fɛ̃] | Ende
Mon frère vient nous voir à la fin du mois. | Mein Bruder kommt am Ende des Monats zu Besuch.

fin, -e [fɛ̃ / fin] | fein
C'est du papier très fin. | Das ist sehr feines Papier.

finir [finiR] | beenden
Quand est-ce que vous aurez fini ce travail? | Wann werden Sie mit der Arbeit fertig sein?

fixer [fikse] | festlegen
On va fixer une date tout de suite. | Wir werden gleich einen Termin festlegen.

fleur (f.) [flœR] | Blume
Il m'a offert des fleurs. | Er hat mir Blumen geschenkt.

fleuve (m.) [flœv] | Fluss
Ce fleuve est très pollué. | Dieser Fluss ist sehr verschmutzt.

fois (f.) [fwa]
Je ne l'ai vu qu'une seule fois.

Mal
Ich habe ihn nur ein einziges Mal gesehen.

fond (m.) [fõ]
Les valises sont au fond de l'armoire.

Grund, Boden
Die Koffer liegen unten im Schrank.

force (f.) [fɔʀs]
La maladie lui a fait perdre toutes ses forces.

Kraft, Stärke
Durch die Krankheit hat er alle seine Kräfte verloren.

forêt (f.) [fɔʀɛ]
Il y a une forêt en face de chez nous.

Wald
Gegenüber von uns ist ein Wald.

formation (f.) [fɔʀmasjõ]
Il est dans la formation continue.

Ausbildung, Fortbildung
Er ist in der Weiterbildung tätig.

forme (f.) [fɔʀm]
Aujourd'hui, je suis en pleine forme!

Form
Heute bin ich voll in Form!

former [fɔʀme]
C'est lui qui forme les ouvriers.

ausbilden, weiterbilden
Die Arbeiter werden von ihm ausgebildet.

formidable [fɔʀmidabl]
Le match d'hier soir était formidable!

toll
Das Spiel gestern abend war toll!

fort, -e [fɔʀ / fɔʀt]
Ce café est trop fort.

stark
Dieser Kaffee ist zu stark.

fou, folle [fu / fɔl]
C'est une idée folle!

verrückt
Das ist eine verrückte Idee!

foule (f.) [ful]
Je l'ai perdue dans la foule.

Menge
Ich habe sie in der Menge verloren.

fourchette (f.) [fuʀʃɛt]
Garçon, je n'ai pas de fourchette.

Gabel
Herr Ober, ich habe keine Gabel.

frais, fraîche [fʀɛ / fʀɛʃ]
Il fait frais, rentrons.
Les légumes sont vraiment frais.

frisch
Es ist frisch, gehen wir nach Hause.
Das Gemüse ist wirklich frisch.

frais (m. pl.) [fʀɛ]
Les frais de chauffage ont baissé cette année.

Kosten
Die Heizkosten sind dieses Jahr gesunken.

Franc (m.) [fʀɑ̃]
Ça fait 100 euros (= 655,96 francs).

Franc
Das macht 100 € (= 655,96 Francs).

frapper [fʀape]
On a frappé à la porte.

klopfen
Jemand hat an die Tür geklopft.

frein (m.) [fʀɛ̃]
Cette voiture a de bons freins.

Bremse
Dieses Auto hat gute Bremsen.

freiner [fʀene]
Il ne faut jamais freiner brusquement!

bremsen
Man darf nie plötzlich bremsen!

frère (m.) [fʀɛʀ]
Mon frère viendra nous voir à la fin du mois.

Bruder
Mein Bruder kommt am Ende des Monats zu Besuch.

frigidaire / frigo (m.) [fʀiʒidɛʀ / fʀigo]
Mets le lait dans le frigo!

Kühlschrank
Stell die Milch in den Kühlschrank!

frites (f. pl.) [fʀit]
Tu veux encore des frites?

Pommes frites
Möchtest du noch Pommes frites?

froid, -e [fʀwa / fʀwad]
L'eau est froide.
Il fait froid ici!

kalt
Das Wasser ist kalt.
Es ist kalt hier!

fromage (m.) [fʀɔmaʒ]
Fromage ou dessert?

Käse
Käse oder Nachtisch?

frontière (f.) [fʀɔ̃tjɛʀ]
Nous habitons près de la frontière.

Grenze
Wir wohnen in der Nähe der Grenze.

fruit (m.) [fʀɥi]
Comme dessert, on a une salade de fruits.

Frucht
Zum Nachtisch haben wir einen Obstsalat.

fumée (f.) [fyme]
L'air est pollué par les fumées d'usine.

Rauch
Die Luft ist durch den Rauch aus den Fabrikschornsteinen verschmutzt.

fumer [fyme]
Tu fumes vraiment trop!

rauchen
Du rauchst wirklich zu viel!

fumeur (m.), **fumeuse** (f.) [fymœʀ / fymøz]
Dans ce restaurant il y a une zone fumeur.

Raucher, Raucherin

In diesem Restaurant gibt es eine Raucherecke.

G

gagner [gaɲe]
Elle gagne 1.850 euro par mois.
Il a gagné au loto.

verdienen, gewinnen
Sie verdient 1850 Euro pro Monat.
Er hat im Lotto gewonnen.

garage (m.) [gaʀaʒ]
La maison n'a pas de garage.
Ma voiture est en panne. Il y a un garage près d'ici?

Garage, Werkstatt
Das Haus hat keine Garage.
Mein Wagen ist kaputt. Gibt es in der Nähe eine Werkstatt?

garagiste (m.) [gaʀaʒist]
As-tu fait venir un garagiste?

Automonteur, -mechaniker
Hast du einen Automechaniker geholt?

garçon (m.) [gaʀsõ]
Ella a eu son bébé. C'est un garcon.

Garçon, l'addition, s'il vous plaît!

Junge, Kellner, Ober
Sie hat ihr Baby bekommen. Es ist ein Junge.
Herr Ober, die Rechnung bitte / bitte zahlen!

garder [gaʀde]
Combien de temps veux-tu garder les livres?
On n'a personne pour garder les enfants.

behalten, hüten
Wie lange willst du die Bücher behalten?
Wir haben niemanden, um die Kinder zu hüten.

gare (f.) [gaʀ]
Le train entre en gare.

Bahnhof
Der Zug fährt (in den Bahnhof) ein.

garer [gaʀe]
Il est de plus en plus difficile de garer sa voiture en ville.

parken
Es wird immer schwieriger, seinen Wagen in der Stadt zu parken.

se garer [səgaʀe]
Je me suis garé juste devant la porte.

parken
Ich parke direkt vor der Tür.

gâteau (m.) [gato]
Je vais faire un gâteau pour son anniversaire.

Kuchen
Zu seinem / ihrem Geburtstag werde ich einen Kuchen backen.

gauche (f.) [goʃ]
Prenez la première rue à gauche!

links
Biegen Sie in die erste Straße links ab!

gaz (m.) [gaz]
Il a un chauffage au gaz.

Gas
Er hat Gasheizung.

geler [ʒəle]
Il a gelé cette nuit.

frieren
Heute Nacht hat es gefroren.

gendarme (m.) [ʒɑ̃daʀm]
Les gendarmes font des contrôles sur l'autoroute.

Polizist
Die Polizei macht Kontrollen / kontrolliert auf der Autobahn.

gendarmerie (f.) [ʒɑ̃daʀməʀi]
La gendarmerie est à la sortie du village.

Polizeistation, -wache
Die Polizeiwache befindet sich am Ortsausgang.

gêné, -e [ʒene]
Il était un peu gêné de nous voir.

verlegen
Er wurde ein wenig verlegen, als er uns sah.

gêner [ʒene]
Ça ne vous gêne pas, si j'ouvre la fenêtre?
Ne te gêne pas, fais comme chez toi!

stören, genieren
Stört es Sie nicht, wenn ich das Fenster öffne?
Tu dir keinen Zwang an, fühl dich wie zu Hause!

gens (m. / f. pl.) [ʒɑ̃]
Le soir, il y a beaucoup de gens dans les rues.

Leute
Abends sind viele Leute auf den Straßen.

gentil, -le [ʒɑ̃ti / ʒɑ̃tij]
C'est très gentil d'avoir pensé à mon anniversaire.

freundlich
Es ist sehr nett, dass Sie an meinen Geburtstag gedacht haben.

genou (m.) [ʒənu]
Il a mal au genou.

Knie
Das Knie tut ihm weh. / Er hat Schmerzen im Knie.

glace (f.) [glas]
On prend une glace au citron.

Eis
Wir nehmen Zitroneneis.

gorge (f.) [gɔʀʒ]
J'ai mal à la gorge.

Hals, Kehle
Ich habe Halsschmerzen.

goût (m.) [gu]
Cette boisson a un drôle de goût.

Geschmack
Dieses Getränk hat einen komischen Geschmack.

goûter [gute]
Vous avez déjà goûté ce vin rouge?

probieren, kosten
Haben Sie diesen Rotwein schon probiert?

gouvernement (m.) [guvɛʀnəmɑ̃]
Le gouvernement actuel est de gauche.

Regierung
Die gegenwärtige Regierung steht links.

grâce à [gʀasa]
Grâce à lui, j'ai trouvé une maison.

dank, mit Hilfe von, durch
Durch ihn habe ich ein Haus gefunden.

gramme (m.) [gʀam]
150 grammes de jambon, s'il vous plaît!

Gramm
150 Gramm Schinken, bitte!

grand, -e [gʀɑ̃ / gʀɑ̃d]
Elle est vraiment grande, votre fille!

groß
Ihre Tochter ist aber wirklich groß!

grand-mère (f.) [gʀɑ̃mɛʀ]
Ma grand-mère a 70 ans.

Großmutter
Meine Großmutter ist 70 Jahre alt.

grand-père (m.) [gʀɑ̃pɛʀ]
Mon grand-père est très âgé.

Großvater
Mein Großvater ist sehr alt.

grands-parents (m. pl.) [gʀɑ̃paʀɑ̃]
Mes grands-parents sont à la retraite.

Großeltern
Meine Großeltern sind im Ruhestand / in Rente.

gras, -se [gʀa / gʀas]
Cette viande est un peu trop grasse.

fett
Dieses Fleisch ist ein wenig zu fett.

gratuit, -e [gʀatɥi / gʀatɥit]
Entrée gratuite pour les enfants en-dessous de dix ans.

kostenlos, gratis
Freier Eintritt für Kinder unter 10 (Jahren).

grave [gʀav]
Il a eu un grave accident.

schwerwiegend, schwer
Er hat einen schweren Unfall gehabt.

grève (f.) [gʀɛv]
Les ouvriers sont en grève.

Streik
Die Arbeiter streiken.

grippe (f.) [gʀip]
Je reste au lit, j'ai la grippe.

Grippe
Ich bleibe im Bett, ich habe Grippe.

gris, -e [gʀi / gʀiz]
Quel ciel gris aujourd'hui!

grau
Was für ein grauer Himmel ist das heute!

gros, -se [gʀo / gʀos]
Donnez-m'en un gros morceau!

groß, dick
Geben Sie mir ein großes Stück davon!

grossir [gʀosiʀ]
J'ai grossi de 3 kilos.

zunehmen
Ich habe drei Kilo zugenommen.

groupe (m.) [gʀup]
Ils font partie du même groupe.

Gruppe
Sie gehören zur selben Gruppe.

guerre (f.) [gɛʀ]
Je n'aime pas les films de guerre.

Krieg
Ich mag keine Kriegsfilme.

guichet (m.) [giʃɛ]
Le guichet automatique est ouvert 24 heures sur 24.

Schalter
Der Fahrkartenautomat ist rund um die Uhr in Betrieb.

guide (m.) [gid]
Un guide nous a fait visiter le château.
J'ai acheté un guide de la région.

Führer, Reiseführer
Ein Führer hat uns das Schloss gezeigt.
Ich habe einen Reiseführer für die Gegend gekauft.

H

s'habiller [sabije]
Il s'habille toujours très bien.

sich anziehen, sich kleiden
Er kleidet sich immer sehr gut.

habitant (m.), **-e** (f.) [abitɑ̃ / abitɑ̃t]
Il y a combien d'habitants dans votre village?

Einwohner, Einwohnerin
Wie viele Einwohner hat Ihr Dorf?

habiter [abite]
Je préfère habiter en ville.

wohnen
Ich wohne lieber in der Stadt.

habitude (f.) [abityd]
Il a l'habitude de se lever à cinq heures.

Gewohnheit
Er steht gewöhnlich um fünf Uhr auf.

d'habitude [dabityd]
D'habitude, je me lève plus tôt.

gewöhnlich, normalerweise
Normalerweise stehe ich früher auf.

s'habituer [sabitɥe]
Il s'est habitué à vivre seul.

sich gewöhnen
Er hat sich daran gewöhnt, allein zu leben.

handicapé, -e ['ɑ̃dikape]
Il travaille dans un centre pour handicapés.

Behinderter, Behinderte
Er arbeitet in einem Behindertenzentrum.

hasard (m.) ['azaʀ]
Je l'ai rencontrée par hasard.

Zufall
Ich habe sie zufällig getroffen.

haut (m.) ['o]
Du haut de cette tour, on a une vue sur toute la ville.

oben
Oben vom Turm aus hat man einen Blick auf die ganze Stadt.

haut, -e ['o / 'ot]
La Tour Eiffel est haute de 320 m.

hoch
Der Eiffelturm ist 320 Meter hoch.

en haut [ɑ̃o]
La chambre des enfants est en haut.

oben
Das Kinderzimmer ist oben.

là-haut [lao]
Il habite là-haut, au troisième étage.

da oben
Er wohnt da oben, im dritten Stock.

hebdomadaire (m.) [ɛbdomadɛʀ]
Elle achète régulièrement un hebdomadaire.

Wochenzeitung
Sie kauft regelmäßig eine Wochenzeitung.

hésiter [ezite]
Si vous avez besoin d'aide, n'hésitez pas à venir me voir!

zögern
Wenn Sie Hilfe brauchen, zögern Sie nicht mich aufzusuchen!

heure (f.) [œʀ]
On s'est donné rendez-vous à 15 heures.
Pardon, Madame, vous avez l'heure?

On l'a attendu deux heures!

Il n'est jamais à l'heure.

Stunden, Zeit, Uhr
Wir haben uns für 15 Uhr verabredet.
Entschuldigen Sie bitte, Madame, haben Sie die Uhrzeit?
Zwei Stunden haben wir auf ihn gewartet!
Er ist nie pünktlich.

heureusement [ørøzmɑ̃]
Il a eu un accident. Heureusement, il n'a rien de grave.

glücklicherweise
Er hat einen Unfall gehabt. Glücklicherweise hat er nichts Schlimmes.

heureux, heureuse [ørø / ørøz]
Je suis heureux de faire votre connaissance.

glücklich
Ich freue mich, Sie kennen zu lernen!

hier [jɛʀ]
Hier, nous avons visité quatre appartements.

gestern
Gestern haben wir vier Wohnungen besichtigt.

histoire (f.) [istwaʀ]
J'aime bien les histoires drôles.

Geschichte
Ich liebe lustige Geschichten.

homme (m.) [ɔm]
C'est un homme charmant.

Mann, Mensch
Der Mann ist reizend.

hôpital (m.) [opital]
Il faut le transporter à l'hôpital.

Krankenhaus
Wir müssen ihn ins Krankenhaus bringen.

horaire (m.) [ɔʀɛʀ]
Vous avez l'horaire des trains pour Bordeaux?

Fahrplan
Haben Sie den Fahrplan für die Züge nach Bordeaux?

hors-d'œuvre (m.) ['ɔʀdœvʀ]
Qu'est-ce qu'on prend comme hors-d'œuvre?

Vorspeise
Was nehmen wir als Vorspeise?

hôtel (m.) [otɛl]
J'ai passé la nuit à l'hôtel.

Hotel
Ich habe die Nacht im Hotel verbracht.

Hôtel de Ville [otɛldəvil]
Où se trouve l'Hôtel de Ville?

Rathaus
Wo ist das Rathaus?

huile (f.) [ɥil]
Regarde s'il y a encore assez d'huile dans la voiture.

Öl
Schau mal nach, ob wir noch genug Öl im Wagen haben.

humide [ymid]
C'est un climat assez humide.

feucht
Das Klima ist ziemlich feucht.

hypermarché (m.) [ipɛʀmaʀʃe]
Dans le centre commercial, il y a un hypermarché.

(großer) Supermarkt
Im Einkaufszentrum gibt es einen Supermarkt.

I

ici [isi]
Ici, il n'y a pas de travail.
Je ne suis pas d'ici.

hier
Hier gibt es keine Arbeit.
Ich bin nicht von hier.

idée (f.) [ide]
Elle a toujours de bonnes idées.

Idee
Sie hat immer gute Ideen.

identité (f.) [idɑ̃tite]
Vous avez votre carte d'identité?

Identität
Haben Sie Ihren Ausweis da?

il, ils [il / il]
Ils vont se marier l'année prochaine.

er, sie
Sie heiraten nächstes Jahr.

île (f.) [il]
On a passé nos vacances sur l'île de Ré.

Insel
Wir haben unsere Ferien auf der Insel Ré verbracht.

image (f.) [imaʒ]
Il y a des images magnifiques dans ce livre.

Bild
Da sind herrliche Bilder in diesem Buch.

immeuble (m.) [imœbl]
Julie et moi, on habite le même immeuble.

Haus, Gebäude
Julie und ich wohnen im selben Haus.

immigration (f.) [imigʀasjɔ̃]
Il existe des lois sur l'immigration.

Einwanderung
Es gibt Einwanderungsgesetze.

immigré, -e [imigʀe]
Il y a beaucoup de travailleurs immigrés en Europe.

eingewandert, Einwanderer
Es gibt viele eingewanderte Arbeiter in Europa.

impoli, -e [ɛ̃pɔli]
Cet enfant est impoli.

unhöflich
Dieses Kind ist unhöflich.

important, -e [ɛ̃pɔʀtɑ̃ / ɛ̃pɔʀtɑ̃t]
C'est une question très importante.

wichtig
Das ist eine sehr wichtige Frage.

importation (f.) [ɛ̃pɔʀtasjɔ̃]
Les importations d'ordinateurs ont encore augmenté cette année.

Einfuhr, Import
Die Einfuhr von Computern ist auch dieses Jahr wieder gestiegen.

importer [ɛ̃pɔʀte]
Il importe du vin d'Italie.

einführen, importieren
Er importiert Wein aus Italien.

impossible [ɛ̃pɔsibl]
C'est absolument impossible!

unmöglich
Das ist absolut unmöglich!

impôt (m.) [ɛ̃po]
Qu'est-ce que tu paies comme impôts?

Steuer
Wie viel Steuern zahlst du?

impression (f.) [ɛ̃pʀesjɔ̃]
J'ai l'impression qu'il va pleuvoir.

Eindruck
Ich habe den Eindruck, dass es regnen wird.

imprimante (f.) [ɛ̃pʀimɑ̃t]
Il a acheté un ordinateur et une imprimante.

Drucker
Er hat einen Computer und einen Drucker gekauft.

imprimer [ɛ̃pʀime]
Pourriez-vous m'imprimer ce texte?

drucken, ausdrucken
Könnten Sie mir diesen Text ausdrucken?

inacceptable [inaksɛptabl]
Ces conditions de travail sont inacceptables.

unannehmbar
Diese Arbeitsbedingungen sind unannehmbar.

incapable [ɛ̃kapabl]
C'est un incapable!

unfähig
Der ist einfach unfähig!

incertain, -e [ɛ̃sɛʀtɛ̃ / ɛ̃sɛʀtɛn]
Le temps est incertain.

ungewiss, unbestimmt
Das Wetter ist unsicher.

incomparable [ɛ̃kõpaʀabl]
C'est incomparable.

unvergleichlich
Das ist nicht vergleichbar.

inconfortable [ɛ̃kõfɔʀtabl]
Ce fauteuil est inconfortable.

unbequem
Dieser Sessel ist unbequem.

incroyable [ɛ̃kʀwajabl]
C'est incroyable!

unglaublich
Das ist unglaublich!

indépendant, -e [ɛ̃depãdã / ɛ̃depãdãt]
Les jeunes sont de plus en plus indépendants.

unabhängig
Die jungen Leute sind immer unabhängiger.

indiquer [ɛ̃dike]
Vous pouvez m'indiquer le chemin de la gare?

zeigen, angeben
Können Sie mir den Weg zum Bahnhof zeigen?

indirect, -e [ɛ̃diʀɛkt]
Je préfère la lumière indirecte.

indirekt
Ich habe indirektes Licht lieber.

indiscutable [ɛ̃diskytabl]
C'est une preuve indiscutable.

hieb- und stichfest
Das ist ein hieb- und stichfester Beweis.

industrie (f.) [ɛ̃dystʀi]
Il travaille dans l'industrie.

Industrie
Er ist in der Industrie tätig.

industriel, -le [ɛ̃dystʀiɛl]
C'est une zone industrielle.

Industrie-
Das ist ein Industriegebiet.

inexact,-e [inɛgzakt]
Ce que vous dites est inexact!

ungenau
Was Sie da sagen, stimmt nicht!

influence (f.) [ɛ̃flyãs]
La télévision a beaucoup d'influence sur les enfants.

Einfluss
Das Fernsehen hat einen großen Einfluss auf die Kinder.

information (f.) [ɛ̃fɔʀmasjõ]
Où se trouve le bureau d'information?

Information
Wo ist die Auskunft?

informations (f. pl.) [ɛ̃fɔʀmasjõ]
Tu as vu les informations?

Nachrichten(sendung)
Hast du die Nachrichten gesehen?

informatique (f.) [ɛ̃fɔʀmatik]
Est-ce que vous avez des connaissances en informatique?

Informatik
Haben Sie Kenntnisse / Kennen Sie sich aus in Informatik?

informer [ɛ̃fɔʀme]
Elle nous a informés de son départ.

informieren
Sie hat uns darüber informiert, dass sie abreist.

s'informer [sɛ̃fɔʀme]
Informez-vous avant votre départ.

sich informieren
Informieren Sie sich, bevor Sie abreisen.

inquiet, inquiète [ɛ̃kjɛ / ɛ̃kjɛt]
Il n'est pas encore arrivé. Je suis très inquiet.

unruhig
Er ist noch immer nicht angekommen. Ich mache mir Sorgen.

s'inquiéter [sɛ̃kjete]
Ne vous inquiétez pas, il va venir!

unruhig werden, sich Sorgen machen
Machen Sie sich keine Sorgen, er kommt!

inscription (f.) [ɛ̃skʀipsjɔ̃]
Inscriptions: à partir du 15 septembre

Einschreibung, Anmeldung
Einschreibungen ab 15. September

inscrire [ɛ̃skʀiʀ]
J'ai inscrit ma fille à un cours de danse.

anmelden, einschreiben
Ich habe meine Tochter zu einem Tanzkurs angemeldet.

s'inscrire [sɛ̃skʀiʀ]
Inscrivez-vous sur la liste!

sich anmelden, sich eintragen
Tragen Sie sich auf der Liste ein!

instant (m.) [ɛ̃stɑ̃]
Un instant, s'il vous plaît!

Moment
Einen Moment, bitte!

instrument (m.) [ɛ̃stʀymɑ̃]
Vous jouez d'un instrument de musique?

Instrument
Spielen Sie ein Instrument?

insupportable [ɛ̃sypɔʀtabl]
Cet enfant est insupportable.

unerträglich, unausstehlich
Dieses Kind ist unausstehlich.

intelligent, -e [ɛ̃teliʒɑ̃ / ɛ̃teliʒɑ̃t]
Elle est plus intelligente que les autres.

intelligent
Sie ist intelligenter als die anderen.

interdire [ɛ̃tɛʀdiʀ]
Le médecin lui a interdit de travailler.

verbieten, untersagen
Der Arzt hat ihm verboten zu arbeiten / das Arbeiten verboten.

intéressant, -e [ɛ̃teʀɛsɑ̃ / ɛ̃teʀɛsɑ̃t]
C'est un travail très intéressant.

interessant
Das ist eine sehr interessante Arbeit.

intéresser [ɛ̃teʀɛse]
Votre histoire ne m'intéresse pas!

interessieren
Ihre Geschichte interessiert mich nicht!

s'intéresser [sɛ̃teʀɛse]
Il s'intéresse à la politique.

sich interessieren
Er interessiert sich für Politik.

intérieur (m.) [ɛ̃teʀjœʀ]
Je t'attends à l'intérieur du magasin.

Inneres
Ich warte drinnen im Geschäft auf dich.

international, -e [ɛ̃tɛʀnasjɔnal]
Il y a des retards sur tous les vols internationaux.

international
Bei allen internationalen Flügen gibt es Verspätungen.

internet (m.) [ɛ̃tɛʀnɛt]
Vous pouvez vous informer sur internet.

Internet
Sie können sich im Internet informieren.

invitation (f.) [ɛ̃vitasjɔ̃]
Nous avons reçu une invitation au mariage de Jean-Luc.

Einladung
Wir haben eine Einladung zur Hochzeit von Jean-Luc erhalten.

inviter [ɛ̃vite]
On va au cinéma? Je t'invite!

einladen
Gehen wir ins Kino? Ich lade dich ein!

irréalisable [iʀealizabl]
Votre projet est irréalisable.

nicht realisierbar
Ihr Projekt ist nicht realisierbar.

J

jamais [ʒamɛ]
Vous n'avez jamais quitté la France?

nie
Sind Sie niemals aus Frankreich herausgekommen?

jambe (f.) [ʒɑ̃b]
J'ai beaucoup marché, j'ai mal aux jambes.

Bein
Ich bin viel gelaufen, mir tun die Beine weh.

jambon (m.) [ʒɑ̃bɔ̃]
Quatre tranches de jambon, s'il vous plaît.

Schinken
Vier Scheiben Schinken, bitte.

jardin (m.) [ʒaʀdɛ̃]
Le dimanche, je travaille dans mon jardin.

Garten
Sonntags arbeite ich im Garten.

jaune [ʒon]
Le jaune te va très bien.
Ajoutez deux jaunes d'œufs.

gelb
Gelb steht dir gut.
Geben Sie zwei Eigelb hinzu.

je [ʒə]
Je te l'avais bien dit!

ich
Ich hatte dir das aber gesagt!

jeter [ʒəte]
On a jeté tous les vieux journaux.

werfen
Wir haben alle alten Zeitungen weggeworfen.

jeu (m.) [ʒø]
Quel est votre jeu préféré?

Spiel
Was ist Ihr Lieblingsspiel?

jeune [ʒœn]
Il est encore très jeune.

jung
Er ist noch sehr jung.

jeune fille [ʒœnfij]
Tu connais cette jeune fille?

junges Mädchen
Kennst du dieses junge Mädchen?

jeune homme [ʒœnɔm]
C'est un jeune homme de 23 ans.

junger Mann
Das ist ein junger Mann von 23 Jahren.

joindre [ʒwɛ̃dʀ]
Vous pourrez le joindre demain matin après dix heures.

erreichen
Sie können ihn morgen früh nach 10 Uhr erreichen.

joli, -e [ʒɔli]
Vous avez une jolie robe!

hübsch
Sie haben ein hübsches Kleid!

jouer [ʒwe]
Tu joues aux cartes?
Vous jouez d'un instrument de musique?
La semaine prochaine, on joue «Hamlet» au Théâtre de la Ville.

spielen
Spielst du Karten?
Spielen Sie ein Instrument?
Nächste Woche wird „Hamlet" im Stadttheater gespielt.

jour (m.) [ʒuʀ]
Votre voiture ne sera pas prête avant 4 ou 5 jours.
On est quel jour, aujourd'hui?

Tag
Ihr Wagen ist frühestens in vier oder fünf Tagen fertig.
Was haben wir heute für ein Datum? / Welches Datum haben wir heute?

jour férié [ʒuʀfeʀje]
Le 14 juillet est un jour férié en France.

Feiertag
Der 14. Juli ist in Frankreich Feiertag.

journal (m.) [ʒuʀnal]
Tu lis toujours ce journal?

Zeitung
Liest du immer diese Zeitung?

journée (f.) [ʒuʀne]
Il a dormi toute la journée.
Bonne journée!

Tag
Er hat den ganzen Tag geschlafen.
Ich wünsche einen guten Tag!

jumelage (m.) [ʒymlaʒ]
Il y a de plus en plus de jumelages entre les villes d'Europe.

Partnerschaft
Es gibt immer mehr Partnerschaften zwischen europäischen Städten.

jumelé, -e [ʒymle]
La ville de Reims est jumelée avec Aix-la-Chapelle et Florence.

verschwistert; Partnerstädte sein
Reims ist die Partnerstadt von Aachen und Florenz.

jupe (f.) [ʒyp]
Elle ne porte jamais de jupes.

Rock
Sie trägt niemals einen Rock.

jus (m.) [ʒy]
Un jus d'orange, s'il vous plaît!

Saft
Einen Orangensaft, bitte!

jusqu'à [ʒyska]
Tu as travaillé jusqu'à quelle heure?
Il va jusqu'à Marseille.

bis
Bis wann hast du gearbeitet?
Er fährt bis Marseille.

juste [ʒyst]
C'est juste, vous avez raison.
Il vient juste d'arriver.

gerade, richtig
Das ist richtig, Sie haben Recht.
Er ist gerade angekommen.

justement [ʒystəmã]
Justement, j'allais vous téléphoner.

gerade
Gerade wollte ich Sie anrufen.

K

kilo (m.) [kilo]
Un kilo de pommes de terre, s'il vous plaît!

Kilo
Ein Kilo Kartoffeln, bitte!

kilomètre (m.) [kilomɛtʀ]
Bruxelles est à 200 km de Paris.

Kilometer
Brüssel ist 200 Kilometer von Paris entfernt.

L

la, le, les [la / lə / le]
Les enfants, on va les chercher quand?

die, der, das
Wann wollen wir die Kinder abholen?

là [la]
Est-ce que Monsieur Dubois est là?

da
Ist Herr Dubois da?

-là [la]
Tu parles de ce livre-là?

da
Sprichst du von diesem Buch da?

là-bas [laba]
Le Syndicat d'Initiative est là-bas, au coin de la rue.

da hinten, da unten
Das Verkehrsbüro ist da hinten, an der Ecke der Straße.

là-dessous [ladsu]
Regarde là-dessous, tes clés y sont peut-être!

darunter
Schau mal darunter, vielleicht sind deine Schlüssel da!

là-dessus [ladsy]
Ecrivez là-dessus!

darauf, darüber
Schreiben Sie hier darauf!

là-haut [lao]
Il habite là-haut, au troisième étage.

da oben
Er wohnt da oben, im dritten Stock.

lac (m.) [lak]
J'aime faire du bateau sur le lac.

See
Ich fahre auf dem See gerne Boot.

laisser [lese]
J'ai laissé mes bagages à l'hotel.
Laisse-moi faire!

lassen
Ich habe mein Gepäck im Hotel gelassen.
Lass mich machen!

lait (m.) [lɛ]
Je préfère le café au lait.

Milch
Ich trinke lieber Milchkaffee.

lampe (f.) [lɑ̃p]
Tu allumes la lampe?

Lampe
Schaltest du die Lampe ein?

langue (f.) [lɑ̃g]
Il parle trois langues.

Sprache
Er spricht drei Sprachen.

large [laʀʒ]
Ce pantalon est trop large.

weit, breit
Diese Hose ist zu weit.

lave-linge (m.) [lavlɛ̃ʒ]
J'ai un lave-linge tout neuf.

Waschmaschine
Ich habe eine ganz neue Waschmaschine.

laver [lave]
Samedi, on va laver la voiture.

waschen
Samstag waschen wir den Wagen.

se laver [səlave]
Où est-ce que je peux me laver les mains?

sich waschen
Wo kann ich mir die Hände waschen?

lave-vaisselle (m.) [lavvɛsɛl]
Mets les assiettes dans le lave-vaisselle!

Geschirrspülmaschine
Stell die Teller in die Geschirrspülmaschine!

lecture (f.) [lɛktyʀ]
J'adore la lecture.

Lesen, Lektüre
Ich lese sehr gerne.

léger, légère [leʒe / leʒɛʀ]
Votre valise est légère.

leicht
Ihr Koffer ist leicht.

légume (m.) [legym]
Qu'est-ce qu'on prend comme légumes?

Gemüse
Was nehmen wir als Gemüse? / Welches Gemüse nehmen wir?

lendemain (m.) [lɑ̃dəmɛ]
Il est reparti le lendemain.

der nächste Tag
Er ist am nächsten Tag wieder abgereist.

lent, -e [lɑ̃ / lɑ̃t]
Mon vieil ordinateur est trop lent.

langsam
Mein alter Computer ist zu langsam.

lentement [lɑ̃təmɑ̃]
Il roule lentement à cause du verglas.

langsam
Wegen des Glatteises fährt er langsam.

lequel, laquelle, lesquels, lesquelles [ləkɛl / lakɛl / lekɛl]
Lequel des deux as-tu choisi?

welcher, welche, welches
Welchen von beiden hast du gewählt / ausgesucht?

lettre (f.) [lɛtʀ]
Il m'a écrit une lettre de trois pages.

Brief
Er hat mir einen dreiseitigen Brief geschrieben.

leur, -s [lœʀ / lœʀ]
Où se trouve leur maison?

ihr
Wo ist ihr Haus?

lever [ləve]
Je n'arrive plus à lever le bras gauche.

heben, hochheben
Ich kann den linken Arm nicht mehr hochheben.

se lever [sələve]
Ce matin, je me suis levé à six heures.

aufstehen
Heute Morgen bin ich um 6 Uhr aufgestanden.

librairie (f.) [libʀeʀi]
Il y a une bonne librairie près de chez moi.

Buchhandlung
Bei mir in der Nähe ist eine gute Buchhandlung.

libre [libʀ]
Je serai libre demain après-midi.

frei
Morgen Nachmittag bin ich frei.

libre-service (m.) [libʀəsɛʀvis]
C'est un restaurant libre-service.

Selbstbedienung
Das ist ein Selbstbedienungsrestaurant.

licencier [lisɑ̃sje]
L'entreprise a licencié cent salariés.

entlassen
Das Unternehmen hat hundert Arbeitnehmer entlassen.

lieu (m.) [ljø]
C'est un lieu très agréable.
Les élections municipales auront lieu dimanche prochain.

Ort, Stelle
Das ist ein sehr angenehmer Ort.
Die Kommunalwahlen finden nächsten Sonntag statt.

au lieu de [olijødə]
On pourrait aller au cinéma, au lieu de regarder une vidéo.

statt
Wir könnten ins Kino gehen, statt ein Video anzusehen.

ligne (f.) [liɲ]
Dijon, c'est sur la ligne Paris – Lyon.
J'ai appelé plusieurs fois, mais la ligne est occupée.

Strecke, Linie, Leitung
Dijon liegt an der Strecke Paris – Lyon.
Ich habe mehrmals angerufen, aber die Leitung ist besetzt.

linge (m.) [lɛ̃ʒ]
J'ai encore du linge à laver.

Wäsche
Ich muss noch Wäsche waschen.

lire [liʀ]
J'ai lu beaucoup d'articles sur ce sujet.

lesen
Darüber habe ich viele Artikel gelesen.

relire [ʀəliʀ]
J'ai relu ce texte plusieurs fois.

noch einmal lesen
Ich habe diesen Text mehrmals gelesen.

liste (f.) [list]
Est-ce qu'il est sur la liste?

Liste
Steht er auf der Liste?

lit (m.) [li]
Le médecin lui a dit de rester au lit.

Bett
Der Arzt hat ihm gesagt, er soll im Bett bleiben.

litre (m.) [litʀ]
Il boit deux litres d'eau par jour.

Liter
Er trinkt zwei Liter Wasser pro Tag.

livre (f.) [livʀ]
Une livre de beurre, s'il vous plaît!

Pfund
Ein Pfund Butter, bitte!

livre (m.) [livʀ]
J'ai pris ce livre à la bibliothèque.

Buch
Ich habe dieses Buch in der Bibliothek ausgeliehen.

logement (m.) [lɔʒmɑ̃]
Je cherche un logement.
Ils habitent un logement social.

Wohnung
Ich suche eine Wohnung.
Sie wohnen in einer Sozialwohnung.

loi (f.) [lwa]
La loi sur le temps de travail va changer.

Gesetz
Das Gesetz über die Arbeitszeit wird geändert werden.

loin [lwɛ̃]
C'est loin, la gare?

weit entfernt
Ist der Bahnhof weit weg?

loisirs (m. pl.) [lwaziʀ]
Quels sont vos loisirs préférés?

Freizeitbeschäftigungen
Welches sind Ihre liebsten Freizeitbeschäftigungen?

long, -ue [lɔ̃ / lɔ̃g]
Ce sera long?
Ta jupe est trop longue.

lang
Dauert das lang?
Dein Rock ist zu lang.

longtemps [lɔ̃tɑ̃]
Il y a longtemps que nous ne sommes pas sortis.

lange Zeit
Es ist lange her, dass wir ausgegangen sind.

louer [lwe]
On a loué un appartement au bord de la mer.

mieten
Wir haben eine Wohnung am Meer gemietet.

lourd, -e [luʀ / luʀd]
Mes bagages sont très lourds.

schwer
Mein Gepäck ist sehr schwer.

lui, lui-même [lɥi / lɥimɛm]
Tu lui en a déjà parlé?

Il a payé son voyage lui-même.

er, er selbst
Hast du schon mit ihm darüber gesprochen?
Er hat seine Reise selbst bezahlt.

lumière (f.) [lymjɛʀ]
Eteins la lumière, s'il te plaît!

Licht
Mach bitte das Licht aus!

lune (f.) [lyn]
Ce soir, c'est la pleine lune.

Mond
Heute Abend ist Vollmond.

lunettes (f. pl.) [lynɛt]
Je ne porte des lunettes que pour conduire.

Brille
Ich trage die Brille nur beim Autofahren.

lycée (m.) [lise]
Ma fille va au lycée.

Gymnasium (Oberstufe)
Meine Tochter geht ins Gymnasium.

M

machine (f.) [maʃin]
Ma machine à laver est en panne.

Maschine
Meine Waschmaschine ist kaputt.

madame (f.) [madam]
Bonjour, Madame Dubois.

Madame, Frau
Guten Tag, Madame Dubois.

mademoiselle (f.) [madmwazɛl]
Je vous présente Mademoiselle Dupont.

Mademoiselle, Fräulein, Frau
Ich stelle Ihnen Mademoiselle Dupont vor.

magasin (m.) [magazɛ̃]
Le magasin est ouvert le dimanche.

Geschäft
Das Geschäft ist sonntags geöffnet.

magazine (m.) [magazin]
Il y a beaucoup de magazines féminins.

Zeitschrift
Es gibt viele Frauenzeitschriften.

magnétoscope (m.) [maɲetɔskɔp]
Je n'ai pas de magnétoscope.

Videorekorder
Ich habe keinen Videorekorder.

magnifique [maɲifik]
Il faisait un temps magnifique.

herrlich
Es war ein herrliches Wetter.

maigre [mɛgʀ]
Cette enfant est beaucoup trop maigre.

mager
Dieses Kind ist viel zu mager.

maigrir [megʀiʀ]
Elle a beaucoup maigri pendant sa maladie.

abnehmen
Sie hat während ihrer Krankheit stark abgenommen.

main (f.) [mɛ̃]
Où est-ce que je peux me laver les mains?

Hand
Wo kann ich mir die Hände waschen?

maintenant [mɛ̃tnɑ̃]
Qu'est-ce qu'on fait maintenant?

jetzt
Was machen wir jetzt?

maire (m.) [mɛʀ]
Elle vient d'être élue maire.

Bürgermeister
Sie ist kürzlich zur Bürgermeisterin gewählt worden.

mairie (f.) [meʀi]
La mairie est en face de l'église.

Rathaus
Das Rathaus ist gegenüber der Kirche.

mais [mɛ]
J'aimerais rester plus longtemps, mais il faut que je m'en aille.

aber
Ich würde gerne länger bleiben, aber ich muss aufbrechen.

maison (f.) [mezõ]
Il a vendu sa maison.
Vous venez lundi soir à la maison?

Haus
Er hat sein Haus verkauft.
Kommen Sie Montagabend zu mir nach Hause?

majorité (f.) [maʒɔʀite]
La majorité a voté pour la gauche.

Mehrheit
Die Mehrheit hat links / die Linke gewählt.

mal (m.) [mal]
J'ai mal à la tête.
Il s'est fait mal au bras.

Schmerzen
Ich habe Kopfschmerzen.
Er hat sich am Arm weh getan.

mal (adv.) [mal]
Ces gens vivent mal.
Ce n'est pas mal!

schlecht
Diese Leute leben schlecht.
Das ist nicht schlecht!

malade [malad]
Il est tombé malade pendant les vacances.

krank
Er ist während der Ferien krank geworden.

maladie (f.) [maladi]
Il est en congé de maladie.

Krankheit
Er ist krankgeschrieben.

malentendant (m.), **-e** (f.) [malɑ̃tɑ̃dɑ̃ / malɑ̃tɑ̃dɑ̃t]
C'est un appareil pour malentendants.

Schwerhöriger, Schwerhörige
Das ist ein Apparat für Schwerhörige.

malgré [malgʀe]
Il est venu à la réunion malgré sa grippe.

trotz
Er ist trotz seiner Grippe zur Versammlung gekommen.

malheur (m.) [malœʀ]
Quel malheur!

Unglück, Pech
Was für ein Pech!

malheureusement [malørøzmɑ̃]
Nous ne pourrons malheureusement pas venir ce week-end.

unglücklicherweise
Wir können an diesem Wochenende leider nicht kommen.

malheureux, malheureuse [malørø / malørøz]
Elle est très malheureuse.

unglücklich

Sie ist sehr unglücklich.

manger [mɑ̃ʒe]
J'aime beaucoup manger du poisson.

essen
Ich esse sehr gerne Fisch.

manière (f.) [manjɛʀ]
De cette manière, tu n'y arriveras jamais.

Art und Weise
Auf diese Art und Weise wirst du das nie erreichen / nie zum Ziel kommen.

manif(estation) (f.) [manif / manifɛstasjɔ̃]
Il y aura une manifestation des agriculteurs demain.

Demo(nstration)
Morgen gibt es eine Demonstration der Bauern.

manifester [manifɛste]
Les salariés ont manifesté contre l'augmentation des impôts.

demonstrieren
Die Arbeitnehmer haben gegen die Steuererhöhung demonstriert.

manquer [mɑ̃ke]
Il me manque vingt euros.

fehlen
Mir fehlen 20 Euro.

manteau (m.) [mɑ̃to]
Je me suis acheté un manteau en cuir.

Mantel
Ich habe mir einen Ledermantel gekauft.

marchand, -e (m. / f.) [maʀʃɑ̃ / maʀʃɑ̃d]
Le marchand de glace est toujours dans le parc.

Händler, Händlerin
Der Eisverkäufer ist immer im Park.

marche (f.) [maʀʃ]
J'aime la marche à pied.
Attention à la marche!

Gehen, Laufen, Stufe
Ich gehe gerne zu Fuß.
Vorsicht Stufe!

marché (m.) [maʀʃe]
On va au marché?

Markt
Gehen wir zum Markt?

    hypermarché (m.) [ipɛʀmaʀʃe]
    Dans le centre commercial, il y a un hypermarché.

(großer) Supermarkt
Im Einkaufszentrum gibt es einen Supermarkt.

    supermarché (m.) [sypɛʀmaʀʃe]
    Je fais mes achats au supermarché.

Supermarkt
Ich kaufe im Supermarkt ein.

marcher [maʀʃe]
Nous avons marché tout l'après-midi.

Mon lave-vaisselle ne marche plus.

gehen, laufen
Wir sind den ganzen Nachmittag gelaufen / spazieren gegangen.
Meine Geschirrspülmaschine geht nicht mehr.

mari (m.) [maʀi]
Le mari de Gisèle est très sympathique.

(Ehe)Mann
Giselas Mann ist sehr nett.

mariage (m.) [maʀjaʒ]
Nous sommes invités à leur mariage.

Hochzeit
Wir sind zu ihrer Hochzeit eingeladen.

marié, -e [maʀje]
Vous êtes marié?

verheiratet
Sind Sie verheiratet?

se marier [səmaʀje]
Ils se sont mariés quand?

heiraten
Wann haben sie geheiratet?

marron [maʀõ]
Il s'est acheté un manteau marron.

(kastanien)braun
Er hat sich einen braunen Mantel gekauft.

match (m.) [matʃ]
Tu as vu le match hier soir à la télé?

Spiel
Hast du gestern Abend das Spiel im Fernsehen gesehen?

matériel (m.) [mateʀjɛl]
Il va acheter du matériel de bricolage.

Material
Er kauft Bastelmaterial ein.

matin (m.) [matɛ̃]
J'ai du mal à me lever le matin.
Demain matin, je pars en vacances.

Morgen
Es fällt mir schwer, morgens aufzustehen.
Morgen früh fahre ich in Urlaub.

mauvais, -e [movɛ / movɛz]
Quel mauvais temps!

schlecht
Was für ein schlechtes Wetter!

maximum [maksimɔm]
Vous avez une heure de route maximum.

Maximum, Höchstmaß
Sie haben höchstens eine Stunde zu fahren.

me [mə]
Elle ne me parle plus.

mir, mich
Sie spricht nicht mehr mit mir.

méchant, -e [meʃɑ̃ / meʃɑ̃t]
Attention, chien méchant!

böse
Vorsicht, bissiger Hund!

médecin (m.) [medsɛ̃]
Il est allé chez le médecin.

Arzt
Er ist zum Arzt gegangen.

médecine (f.) [medsin]
Il est étudiant en médecine.

Medizin
Er studiert Medizin.

médicament (m.) [medikamɑ̃]
Le médecin lui a dit de prendre ces médicaments.

Medikament, Medizin
Der Arzt hat ihm gesagt, dass er diese Medikamente nehmen soll.

meilleur, -e [mɛjœʀ]
Je te présente mon meilleur ami.

besser
Ich stelle dir meinen besten Freund vor.

mélanger [melɑ̃ʒe]
Tu mélanges tout: le beurre, les œufs, la farine et le lait.

mischen
Du mischst alles: Butter, Eier, Mehl und Milch.

membre (m.) [mɑ̃bʀ]
Elle est membre d'une association sportive.

Mitglied
Sie ist Mitglied in einem Sportverein.

même [mɛm]
C'est toujours la même chose.
Tout le monde s'est trompé, même le patron!

selbst, sogar
Das ist immer dasselbe.
Alle haben sich geirrt, sogar der Chef!

ménage (m.) [menaʒ]
Le samedi, je fais le ménage.

Haushalt
Samstags mache ich den Haushalt.

menu (m.) [məny]
Qu'est-ce qu'il y a au menu?

Speisekarte
Was gibt es / steht auf der Speisekarte?

mer (f.) [mɛʀ]
Je passe toujours mes vacances au bord de la mer.

Meer
Ich verbringe meine Ferien immer am Meer.

merci [mɛʀsi]
Merci d'avoir pensé à nous.
Non, merci.

danke
Danke, dass Sie an uns gedacht haben.
Nein danke.

mère (f.) [mɛʀ]
Ma mère a 50 ans.

Mutter
Meine Mutter ist 50 Jahre alt.

   grand-mère (f.) [gʀɑ̃mɛʀ]
   Ma grand-mère a 70 ans.

Großmutter
Meine Großmutter ist 70 Jahre alt.

message (m.) [mesaʒ]
Vous pouvez nous laisser un message.

Nachricht
Sie können uns eine Nachricht hinterlassen.

mesure (f.) [məzyʀ]
Le gouvernement a pris des mesures contre le chômage.

Maßnahme
Die Regierung hat Maßnahmen gegen die Arbeitslosigkeit ergriffen.

météo (f.) [meteo]
La météo annonce du beau temps pour le week-end.

Wetterbericht
Für das Wochenende sagt der Wetterbericht schönes Wetter voraus.

métier (m.) [metje]
Ingénieur en informatique, c'est un métier d'avenir.

Beruf
Informatikingenieur ist ein Zukunftsberuf.

mètre (m.) [mɛtʀ]
La poste est à cinquante mètres.

Meter
Die Post ist 50 Meter von hier.

métro (m.) [metʀo]
Prenez le métro jusqu'à la gare Montparnasse.

Metro
Nehmen Sie die Metro bis zum Bahnhof Montparnasse.

mettre [mɛtʀ]
Vous pouvez mettre vos bagages à la consigne.
Je vais mettre ma robe rouge.
Est-ce que tu peux mettre la table?

setzen, legen, anlegen
Sie können Ihr Gepäck zur Aufbewahrung geben.
Ich ziehe mein rotes Kleid an.
Kannst du den Tisch decken?

remettre [RəmɛtR]
Remettez les journaux en place!

wieder setzen, wieder legen
Legt die Zeitungen wieder an ihren Platz!

meuble (m.) [mœbl]
Il a de jolis meubles dans son appartement.

Möbel
Er hat schöne Möbel in seiner Wohnung.

meublé, -e [mœble]
Je cherche un appartement meublé.

möbliert
Ich suche eine möblierte Wohnung.

micro-ondes (m.) [mikroõd]
Un micro-ondes, c'est pratique et ça va vite.

Mikrowelle
Eine Mikrowelle ist praktisch und es geht schnell.

midi [midi]
Il est midi.

Mittag, 12 Uhr
Es ist 12 Uhr.

   après-midi (m. / f.) [apRɛmidi]
   Elle a passé l'après-midi sur la plage.

Nachmittag
Den Nachmittag über war sie am Strand.

Midi (m.) [midi]
On passe les vacances dans le Midi.

Süden Frankreichs
Wir verbingen die Ferien im Süden.

mieux [mjø]
Ça va mieux, je n'ai plus de fièvre.

besser
Es geht besser, ich habe kein Fieber mehr.

milieu (m.) [miljø]
Il s'est arrêté au milieu de la rue.

Il vient d'un milieu assez pauvre.

Milieu, Mitte
Er ist mitten auf der Straße stehen geblieben.

Er kommt aus einem ziemlich ärmlichen Milieu.

militaire [militɛR]
Il conduit un camion militaire.

militärisch
Er fährt einen Militärlastwagen.

mince [mɛ̃s]
Jeanne est très mince.

schlank
Jeanne ist sehr schlank.

mine (f.) [min]
Pierre a bonne mine.

Aussehen
Pierre sieht gut aus.

minimum (m.) [minimɔm]
Quand il part en voyage, il emporte toujours le minimum.

Minimum, Mindestmaß
Wenn er auf Reisen geht, nimmt er nur das Allernötigste mit.

ministère (m.) [ministɛR]
Il a travaillé dix ans au Ministère du Travail.

Ministerium
Er war 10 Jahre im Arbeitsministerium beschäftigt.

ministre (m.) [ministR]
Le Premier Ministre présente son projet de loi.

Minister
Der Premierminister stellt seinen Gesetzentwurf vor.

minorité (f.) [minɔʀite]
Ce parti est en minorité.

Minorität, Minderheit
Diese Partei ist in der Minderheit.

minuit (m.) [minɥi]
Il est minuit.

Mitternacht, 12 Uhr nachts
Es ist Mitternacht.

minute (f.) [minyt]
Attendez, j'arrive dans une minute!

Minute
Warten Sie, ich komme in einer Minute!

mi-temps [mitɑ̃]
Je cherche un travail à mi-temps.

Halbzeit
Ich suche eine Halbtagstätigkeit.

mode (f.) [mɔd]
Ce n'est plus la mode.

Mode
Das ist nicht mehr Mode.

moderne [mɔdɛʀn]
Vous avez un appartement très moderne.

modern
Sie haben eine sehr moderne Wohnung.

moi, moi-même [mwa / mwamɛm]
Moi, je reste à la maison!
C'est moi qui ai répondu au téléphone.

Je ferai la cuisine moi-même.

ich (selbst)
Ich bleibe zu Hause!
Ich war am Telefon / habe den Anruf angenommen.
Ich werde selbst kochen.

moins [mwɛ̃]
Aujourd'hui il y a moins de monde qu'hier.

weniger
Heute sind weniger Leute da als gestern.

au moins [omwɛ̃]
On est resté au moins une heure et demie à nager.

wenigstens, mindestens
Wir sind mindestens eineinhalb Stunden geschwommen.

mois (m.) [mwa]
On part en vacances à la fin du mois.

Monat
Wir fahren Ende des Monats in Urlaub.

moitié (f.) [mwatje]
Je n'en prendrai que la moitié.

Hälfte
Ich nehme nur die Hälfte (davon).

moment (m.) [mɔmɑ̃]
J'ai dû attendre un bon moment!

On montre deux ou trois bons films en ce moment.

Moment, Augenblick, Weile
Ich musste eine ganze Weile / ziemlich lange warten!
Es gibt zur Zeit zwei oder drei gute Filme.

mon, ma, mes [mɔ̃ / ma / me]
Où est mon stylo?

mein, meine
Wo ist mein Kugelschreiber?

monde (m.) [mɔ̃d]
Il y a beaucoup de monde aujourd'hui.
Il a voyagé dans le monde entier.

Welt, Menschen
Heute sind viele Leute da.
Er ist in der ganzen Welt herumgefahren.

monnaie (f.) [mɔnɛ]
Vous avez de la monnaie?
Vous pouvez me faire de la monnaie?

(Klein)Geld
Haben Sie Kleingeld?
Können Sie mir das in Kleingeld wechseln?

monsieur (m.) [məsjø]
Au revoir, Monsieur Durand.

Monsieur, Herr
Auf Wiedersehen, Monsieur Durand.

montagne (f.) [mõtaɲ]
Nous avons fait une randonnée en montagne.

Berg
Wir haben eine Bergwanderung gemacht.

monter [mõte]
On monte sur la Tour Eiffel?

steigen
Steigen wir auf den Eiffelturm?

    remonter [ʀəmõte]
    Je ne suis plus remontée sur un vélo depuis l'âge de 10 ans.

    wieder hinaufsteigen
    Ich bin, seit ich 10 war, nicht mehr auf ein Fahrrad gestiegen.

montre (f.) [mõtʀ]
Ma montre ne marche pas.

Uhr
Meine Uhr geht nicht.

montrer [mõtʀe]
Je vais vous montrer votre chambre.

zeigen
Ich werde Ihnen Ihr Zimmer zeigen.

morceau (m.) [mɔʀso]
Je prendrai encore un morceau de viande.

Stück
Ich nehme noch ein Stück Fleisch.

mort, -e [mɔʀ / mɔʀt]
Sa femme est morte dans un accident de voiture.

tot
Seine Frau ist bei einem Verkehrsunfall ums Leben gekommen.

mot (m.) [mo]
Comment s'écrit ce mot?

Wort
Wie schreibt man dieses Wort?

moteur (m.) [mɔtœʀ]
Il faut changer le moteur de votre voiture.

Motor
Der Motor Ihres Wagens muss ausgetauscht werden.

moto (f.) [moto]
Il voudrait s'acheter une nouvelle moto.

Motorrad
Er möchte sich ein neues Motorrad kaufen.

mouillé, -e [muje]
Mes vêtements sont mouillés à cause de la pluie.

nass
Meine Kleidung ist durch den Regen nass geworden.

mouvement (m.) [muvmã]
Elle a fait un faux mouvement.
Il fait partie d'un mouvement politique.

Bewegung
Sie hat eine falsche Bewegung gemacht.
Er ist Mitglied in einer politischen Gruppierung.

moyen (m.) [mwajɛ̃]
Il n'y a aucun moyen de les joindre.

Mittel
Es gibt keine Möglichkeit, sie zu erreichen.

moyen, -ne [mwajɛ̃ / mwajɛn]
C'est une femme de taille moyenne.

mittlerer, mittlere
Das ist eine Frau von mittlerer Größe.

moyen (m.) **de transport**
[mwajɛ̃dətʀɑ̃spɔʀ]
Quel moyen de transport utilisez-vous?

Verkehrsmittel

Welches Verkehrsmittel benutzen Sie?

municipal, -e [mynisipal]
Les élections municipales auront lieu dimanche prochain.

Gemeinde-, Kommunal-
Die Kommunalwahlen finden nächsten Sonntag statt.

mur (m.) [myʀ]
Tu as déjà vu l'affiche publicitaire sur le mur de la mairie?

Mauer, Wand
Hast du das Werbeplakat an der Rathausmauer schon gesehen?

musée (m.) [myze]
Les musées sont fermés le mardi.

Museum
Dienstags sind die Museen geschlossen.

musique (f.) [myzik]
J'aime la musique classique.

Musik
Ich liebe klassische Musik.

N

nager [naʒe]
Elle nage comme un poisson.

schwimmen
Sie schwimmt wie ein Fisch.

naissance (f.) [nɛsɑ̃s]
Votre date de naissance?

Geburt
Ihr Geburtsdatum?

national, -e [nasjɔnal]
On prend la route nationale.

national
Wir nehmen die Nationalstraße.

nationalité (f.) [nasjɔnalite]
Elle est de nationalité française.

Nationalität
Sie hat die französische Staatsbürgerschaft.

nature (f.) [natyʀ]
La nature est de plus en plus polluée.

Natur
Die Natur ist immer stärker verschmutzt.

naturel, -le [natyʀɛl]
C'est tout à fait naturel!

natürlich
Das ist ganz natürlich!

naturellement [natyʀɛlmɑ̃]
Naturellement, il n'est pas encore arrivé.

natürlich
Er ist noch nicht da, natürlich!

ne ... ni ... ni [nənini]
Il ne viendra ni demain ni après-demain.

weder ... noch
Er kommt weder morgen noch übermorgen.

ne ... pas / ne ... plus /
ne ... jamais [nəpa / nəply / nəʒamɛ]
Il ne boit pas, ne fume plus et ne joue jamais.

nicht / nicht mehr / nie
Er trinkt nicht, raucht nicht mehr und spielt nie.

ne ... que [nəkə]
Il n'aime que moi!

nur
Er mag nur mich!

nécessaire [nesesɛʀ]
Est-ce que c'est vraiment nécessaire?

nötig, notwendig
Ist das wirklich nötig?

né, -e [ne]
Je suis née à Chartres.

geboren
Ich bin in Chartres geboren.

négatif, négative [negatif / negativ]
Il lui a donné une réponse négative.

negativ
Er hat ihm / ihr eine negative Antwort gegeben.

neige (f.) [nɛʒ]
Il y a beaucoup de neige sur les routes.

Schnee
Auf den Straßen liegt viel Schnee.

neiger [neʒe]
Il a neigé toute la nuit.

schneien
Es hat die ganz Nacht geschneit.

nettoyer [nɛtwaje]
Tu as nettoyé mon pantalon?

reinigen
Hast du meine Hose sauber gemacht / gereinigt?

neuf, neuve [nœf / nœv]
Elle est neuve, ta voiture?
Quoi de neuf?

neu
Ist dein Wagen neu?
Was gibt's Neues?

nouveau, nouvel, nouvelle [nuvo / nuvɛl / nuvɛl]
Je vous présente ma nouvelle amie.

neu
Ich stelle euch meine neue Freundin vor.

Nouvel An (m.) [nuvɛlɑ̃]
Je passe le Nouvel An avec mes amis.

Jahreswende, Neujahr
Die Jahreswende verbringe ich mit meinen Freunden.

neutre [nøtʀ]
Il est resté neutre dans la discussion.

neutral
Er ist in der Diskussion neutral geblieben.

nez (m.) [ne]
Il a saigné du nez.

Nase
Er hatte Nasenbluten.

niveau (m.) [nivo]
Leur niveau de vie est assez bas.

Ebene, Standard
Ihr Lebensstandard ist ziemlich niedrig.

Noël (m.) [noɛl]
On passe Noël en famille.

Weihnachten
Wir verbringen Weihnachten in der Familie.

noir, -e [nwaʀ]
Tu peux allumer? Il fait déjà noir.

Vous verrez une grande tour noire.

schwarz
Kannst du Licht machen? Es ist schon dunkel.
Sie sehen dann einen großen, schwarzen Turm.

nom (m.) [nõ]
Nom: Dubois

Name
Name: Dubois

nombre (m.) [nõbʀ]
Ils sont venus en grand nombre.

Zahl
Sie sind zahlreich / in großer Zahl gekommen.

non [nõ]
Non, merci!
Elle n'aime pas le poisson. – Moi non plus.

nein, nicht
Nein danke!
Sie mag keinen Fisch. – Ich auch nicht.

non-voyant, -e [nõvwajã / nõvwajãt]
Il est dans un centre pour non-voyants.

blind
Er lebt in einem Zentrum für Blinde.

nord (m.) [nɔʀ]
Je viens du Nord de la France.

Norden
Ich komme / stamme aus Nordfrankreich.

normal, -e [nɔʀmal]
Il n'est pas chez lui. Ce n'est pas normal!

normal
Er ist nicht zu Hause. Das ist nicht normal!

normalement [nɔʀmalmã]
Normalement, je ne travaille pas le week-end.

normalerweise
Normalerweise arbeite ich am Wochenende nicht.

note (f.) [nɔt]
Préparez-moi la note, s'il vous plaît!
Je vais prendre des notes.

Rechnung, Notiz
Machen Sie mir bitte die Rechnung fertig!
Ich werde mir Notizen machen.

noter [nɔte]
Tu as noté son numéro de téléphone?

notieren, aufschreiben
Hast du seine Telefonnummer notiert?

notre, nos [nɔtʀ / no]
Voilà notre fils.
Nos enfants font des études.

unser, unsere
Das ist unser Sohn.
Unsere Kinder studieren.

nous [nu]
Nous vous avons envoyé cette lettre par erreur.

wir
Wir haben Ihnen diesen Brief aus Versehen / irrtümlich zugeschickt.

nous-mêmes [numɛm]
Nous avons construit notre maison nous-mêmes.

wir selbst
Wir haben unser Haus selbst gebaut.

nuage (m.) [nɥaʒ]
Regarde les nuages! Il va bientôt pleuvoir.

Wolke
Schau dir die Wolken an! Es wird bald regnen.

nucléaire (m.) [nykleɛʀ]
Je suis contre le nucléaire.

Kernkraft
Ich bin gegen die Kernkraft.

nuit (f.) [nɥi]
Il va bientôt faire nuit.

Nacht
Es ist bald Nacht / dunkel.

nulle part [nylpaʀ]
J'ai cherché mes clés partout, mais je ne les ai trouvées nulle part.

nirgends
Ich habe meine Schlüssel überall gesucht, aber nirgends gefunden.

numéro (m.) [nymeʀo]
Quel est votre numéro de téléphone?
Tu as reçu le dernier numéro de ce magazine?

Nummer
Welche Telefonnummer haben Sie?
Hast du die letzte Nummer / Ausgabe dieser Zeitschrift bekommen?

O

objectif, objective [ɔbʒɛktif / ɔbʒɛktiv]
Il est resté objectif dans son article.

objektiv
Er ist in seinem Artikel objektiv geblieben.

objet (m.) [ɔbʒɛ]
Il fait collection de toutes sortes d'objets.

Gegenstand
Er sammelt alle möglichen Gegenstände.

obligatoire [ɔbligatwaʀ]
L'école est obligatoire.

Pflicht, obligatorisch
Die Schule ist Pflicht.

obligé, -e [ɔbliʒe]
Je suis obligé de partir.

verpflichtet, gezwungen
Ich muss fort / abreisen.

occasion (f.) [ɔkazjɔ̃]
On ne peut pas manquer une occasion comme celle-là.
J'ai eu l'occasion de faire sa connaissance.

Gelegenheit
Eine Gelegenheit wie diese darf man nicht verpassen.
Ich hatte die Gelegenheit, ihn kennen zu lernen.

occuper [ɔkype]
Son téléphone est toujours occupé.
Il est toujours très occupé.

besetzen
Sein Telefon ist immer besetzt.
Er ist immer sehr beschäftigt.

s'occuper [sɔkype]
Ne vous inquiétez pas, je m'occupe des enfants.

sich kümmern
Machen Sie sich keine Sorgen, ich kümmere mich um die Kinder.

odeur (f.) [ɔdœʀ]
J'aime beaucoup l'odeur du pain frais.

Duft, Geruch
Ich liebe den Duft von frischem Brot.

œil (m.), **les yeux** (m. pl.), [œj / lezjø]
Il a jeté un coup d'œil sur ces papiers.

Elle a les yeux bleus.

œuf (m.) [œf]
Un œuf dur, s'il vous plaît!

office de tourisme (m.) [ɔfisdəturizm]
L'office de tourisme est juste en face de la mairie.

offrir [ɔfriR]
Je peux vous offrir une tasse de thé?

oiseau (m.) [wazo]
Tu entends les oiseaux?

ombre (f.) [õbR]
Il fait 30 degrés à l'ombre.

on [õ]
On boit beaucoup de vin en France.
Julie et moi, on habite ici.

opéra (m.) [ɔpeRa]
Je ne vais jamais à l'opéra.

opération (f.) [ɔpeRasjõ]
Ce n'était pas une grave opération.

opinion (f.) [ɔpinjõ]
Quelle est ton opinion sur ce sujet?

opposition (f.) [ɔpozisjõ]
Ce parti politique est actuellement dans l'opposition.

or (m.) [ɔR]
J'ai perdu une montre en or.

orage (m.) [ɔRaʒ]
J'ai peur de l'orage.

orageux, orageuse [ɔRaʒø / ɔRaʒøz]
La météo annonce un temps orageux.

orange (f.) [ɔRãʒ]
Deux kilos d'oranges, s'il vous plaît!

Auge, Augen
Er hat einen flüchtigen Blick auf diese Unterlagen geworfen.
Sie hat blaue Augen.

Ei
Ein hart gekochtes Ei, bitte!

Fremdenverkehrsamt

Das Fremdenverkehrsamt ist genau gegenüber vom Rathaus.

anbieten
Kann ich Ihnen eine Tasse Tee anbieten?

Vogel
Hörst du die Vögel?

Schatten
Es sind 30 Grad im Schatten.

man
In Frankreich wird viel Wein getrunken.
Julie und ich wohnen hier.

Oper
Ich gehe nie in die Oper.

Operation
Das war keine schwere Operation.

Meinung
Was ist deine Meinung zu diesem Thema?

Opposition
Diese Partei ist zur Zeit in der Opposition.

Gold
Ich habe eine goldene Uhr verloren.

Gewitter
Ich habe Angst vor Gewitter.

stürmisch, gewittrig
Der Wetterbericht sagt stürmisches Wetter / Gewitter voraus.

Apfelsine, Orange
Zwei Kilo Apfelsinen, bitte!

ordinaire [ɔʀdinɛʀ]
C'est un vin ordinaire.

gewöhnlich, einfach
Das ist ein einfacher Wein.

   extraordinaire [ɛkstʀaɔʀdinɛʀ]
   C'est un film extraordinaire.

   außergewöhnlich
   Das ist ein außergewöhnlicher Film.

ordinateur (m.) [ɔʀdinatœʀ]
Quels programmes avez-vous sur votre ordinateur?

Computer
Welche Programme haben Sie auf Ihrem Computer?

ordre (m.) [ɔʀdʀ]
Il donne des ordres à tout le monde.

Befehl, Anweisung
Er erteilt jedem Befehle.

oreille (f.) [ɔʀɛj]
J'ai mal aux oreilles.

Ohr
Ich habe Ohrenschmerzen.

organisation (f.) [ɔʀganizasjõ]
Une organisation non-gouvernementale (ONG).
C'est une organisation syndicale.

Organisation
Eine Nicht-Regierungs-Organisation (NGO).
Das ist eine Gewerkschaftsorganisation.

organiser [ɔʀganize]
J'organise une petite fête avec des amis.

organisieren
Ich veranstalte ein kleines Fest mit Freunden.

   réorganiser [ʀeɔʀganize]
   La nouvelle direction a réorganisé l'entreprise.

   umorganisieren
   Die neue Direktion hat das Unternehmen umorganisiert.

origine (f.) [ɔʀiʒin]
Quel est votre pays d'origine?

Ursprung, Herkunft
Aus welchem Land kommen / stammen Sie?

oser [oze]
Il n'a pas osé le déranger.

wagen
Er hat nicht gewagt, ihn zu stören.

ou [u]
Tu rentres avec nous ou tu restes?

oder
Kommst zu mit uns nach Hause oder bleibst du noch?

où [u]
Où travaillez-vous?

wo
Wo arbeiten Sie?

oublier [ublije]
N'oubliez pas de composter vos billets!

Je l'avais oublié au bureau.

vergessen
Vergessen Sie nicht, Ihre Fahrkarten zu entwerten!

Ich hatte es im Büro vergessen.

ouest (m.) [wɛst]
Il habite à l'ouest de Paris.

Westen
Er wohnt westlich von Paris.

oui [wi]
Oui et non.
Oui, bien sûr!

ja
Ja und nein.
Ja, natürlich!

Oui, merci!	Ja, danke!
Ah oui?	Ach ja?
Eh oui!	Ja, ja!

ouverture (f.) [uvɛRtyR]
Ouverture des magasins à 10 heures

Öffnung
Geschäftsöffnung um 10 Uhr

ouvrier (m.), **ouvrière** (f.) [uvRije / uvRijɛR]
Il est ouvrier chez Renault.

Arbeiter, Arbeiterin

Er ist Arbeiter bei Renault.

ouvrir [uvRiR]
La banque ouvre à 9 heures.

öffnen
Die Bank öffnet um 9 Uhr.

P

page (f.) [paʒ]
Son article a paru en première page.

Seite
Sein Artikel ist auf der ersten Seite erschienen.

paiement (m.) [pɛmɑ̃]
Le paiement peut se faire par chèque ou avec une carte de crédit.

Zahlung
Die Zahlung kann per Scheck oder mit Kreditkarte erfolgen.

pain (m.) [pɛ̃]
Vous voulez du pain?

Brot
Möchten Sie Brot?

panne (f.) [pan]
Ma voiture est encore en panne.

Panne
Mein Wagen ist noch kaputt.

pantalon (m.) [pɑ̃talɔ̃]
Il a acheté un pantalon gris.

Hose
Er hat eine graue Hose gekauft.

papier (m.) [papje]
Voilà du papier et un stylo.

Papier
Hier ist Papier und ein Stift.

Pâques (f. pl.) [pak]
On a trois semaines de vacances à Pâques.
Joyeuses Pâques!

Ostern
Zu Ostern haben wir drei Wochen Ferien.

Frohe Ostern!

paquet (m.) [pakɛ]
On fait les paquets pour Noël.
Un paquet de Gauloises, s'il vous plaît!

Paket
Wir packen die Pakete für Weihnachten.
Ein Päckchen Gauloises, bitte!

par [paR]
Il passe par Paris.
J'arrive par le train.
Il l'a fait par amitié.
Vous payez par chèque?

durch, mit, per, aus, über
Er fährt über Paris.
Ich komme mit dem Zug.
Er hat es aus Freundschaft gemacht.
Zahlen Sie mit / per Scheck?

par exemple [paʀɛgzãpl]
Est-ce que vous lisez des journaux français, Le Monde par exemple?

zum Beispiel
Lesen Sie französische Zeitungen, Le Monde zum Beispiel?

paraître [paʀɛtʀ]
Cet magazine paraît tous les mois.

scheinen, erscheinen
Diese Zeitschrift erscheint jeden Monat.

il paraît [ilpaʀɛ]
Il paraît qu'il a trop de travail.

es scheint
Es scheint, dass er zu viel Arbeit hat.

parapluie (m.) [paʀaplɥi]
Il a oublié son parapluie dans le métro.

Regenschirm
Er hat seinen Schirm in der Metro vergessen / liegen lassen.

parc (m.) [paʀk]
On se promène souvent dans ce parc.

Park
Wir gehen oft in diesem Park spazieren.

parce que [paʀskə]
Nous ne sommes pas sortis parce qu'il pleuvait.

weil
Wir sind nicht ausgegangen, weil es regnete.

pardon [paʀdõ]
Pardon, Monsieur, je cherche la poste.

Entschuldigung
Entschuldigung, Monsieur, ich suche die Post.

parents (m. pl.) [paʀã]
Quand j'étais célibataire, j'habitais chez mes parents.

Eltern
Als ich Junggeselle war, wohnte ich bei meinen Eltern.

grands-parents (m. pl.) [gʀãpaʀã]
Mes grands-parents sont à la retraite.

Großeltern
Meine Großeltern sind im Ruhestand / in Rente.

parfait,-e [paʀfɛ / paʀfɛt]
Cette maison est vraiment parfaite!
Parfait, à 19 heures donc!

perfekt, vollkommen
Dieses Haus ist wirklich perfekt!
Alles klar, um 19 Uhr also!

parfaitement [paʀfɛtmã]
Tu as parfaitement raison.

vollkommen
Du hast vollkommen Recht.

parfum (m.) [paʀfɛ̃]
Ton parfum est agréable.
Nous avons des glaces à tous les parfums.

Parfum
Dein Parfum duftet angenehm.
Wir haben alle Sorten Eis.

parking (m.) [paʀkiŋ]
C'est vraiment difficile de trouver un parking en ville.

Parkplatz
Es ist wirklich schwierig, in der Stadt einen Parkplatz zu finden.

parler [paʀle]
Elle sait parler français.
Est-ce que je peux parler à Monsieur Dupont?

sprechen
Sie spricht / kann Französisch.
Kann ich Herrn Dupont sprechen?

reparler [ʀəpaʀle]
Nous reparlerons de cette affaire plus tard.

wieder / noch einmal sprechen
Wir sprechen über diese Sache später noch einmal.

parmi [paʀmi]
C'est une solution parmi d'autres.

unter, zwischen
Das ist eine von mehreren Lösungen.

part (f.) [paʀ]
Je viens de la part de Monsieur Didier.

Il n'a pas pu prendre part à notre discussion.

Teil, Seite
Ich komme im Auftrag von Monsieur Didier.

Er konnte an unserer Diskussion nicht teilnehmen.

nulle part [nylpaʀ]
J'ai cherché mes clés partout, mais je ne les ai trouvées nulle part.

nirgends
Ich habe meine Schlüssel überall gesucht, aber nirgends gefunden.

quelque part [kɛlkəpaʀ]
Je cherche mon livre. Tu l'as vu quelque part?

irgendwo
Ich suche mein Buch. Hast du es irgendwo gesehen?

partager [paʀtaʒe]
Je ne partage pas votre point de vue.

teilen
Ich teile Ihren Standpunkt nicht.

partenaire (m. / f.) [paʀtənɛʀ]
Demandez à votre partenaire ce qu'il en pense.

Partner, Partnerin
Fragen Sie Ihren Partner, was er darüber denkt.

parti (m.) [paʀti]
Il est membre d'un parti?

Partei
Ist er Mitglied einer Partei?

participant (m.), **-e** (f.) [paʀtisipɑ̃ / paʀtisipɑ̃t]
Il y a dix participants dans mon cours.

Teilnehmer, Teilnehmerin
Es sind 10 Teilnehmer in meinem Kurs.

participer [paʀtisipe]
Il n'a pas pu participer à la dernière réunion.

teilnehmen
Er konnte an der letzten Sitzung nicht teilnehmen.

particulier, particulière [paʀtikylje/ paʀtikyljɛʀ]
On ne peut pas comparer, c'est un cas particulier.

besonderer, besondere, Sonder-

Das kann man nicht vergleichen, das ist ein Sonderfall.

particulièrement [paʀtikyljɛʀmɑ̃]
Le steak est particulièrement bon!

besonders
Das Steak ist besonders gut!

partie (f.) [paʀti]
On joue une partie de cartes?
Ils font partie du même groupe.

Partie, Teil
Spielen wir eine Partie Karten?
Sie gehören zu derselben Gruppe.

partir [paʀtiʀ]
Excusez-moi, il faut que je parte.

abreisen, weggehen
Entschuldigen Sie, ich muss aufbrechen.

à partir de [apaʀtiʀdə]
Ce film est seulement pour les enfants à partir de 12 ans.

von ... an, ab
Dieser Film ist erst für Kinder ab 12.

    repartir [ʀəpaʀtiʀ]
    Je repars à Paris dimanche après-midi.

    wieder fortgehen / abreisen
    Ich fahre Sonntagnachmittag nach Paris zurück.

partout [paʀtu]
Je ne peux pas être partout à la fois!

überall
Ich kann nicht überall zugleich sein!

passage (m.) [pasaʒ]
Je suis seulement de passage.

Durchreise
Ich bin nur auf der Durchreise.

passager (m.), **passagère** (f.) [pasaʒe / pasaʒɛʀ]
Tous les passagers de l'avion sont morts.

Passagier, Passagierin
Alle Passagiere des Flugzeuges sind tot.

passé (m.) [pase]
Tout ça, c'est du passé, alors n'en parlons plus.

Vergangenheit
Das ist alles Vergangenheit, sprechen wir also nicht mehr darüber.

passeport (m.) [paspɔʀ]
Votre passeport, s'il vous plaît!

Pass
Ihren Pass, bitte!

passer [pase]
Le train passe par Lyon.
Elle passe son temps à bricoler.
Elle a passé son bac à 17 ans.
Il est passé me voir hier.
Tu me passes la salade, s'il te plaît?
Vous pouvez me passer Monsieur Dubois? [téléphone]

vorbeigehen, vorbeifahren, durchfahren
Der Zug fährt über Lyon.
Sie verbringt ihre Zeit mit Basteln.
Sie hat ihr Abi mit 17 gemacht.
Er ist gestern bei mir vorbeigekommen.
Reichst du mir bitte den Salat?
Können Sie mir Monsieur Dubois geben? [Telefon]

se passer [səpase]
Il se passe tous les jours quelque chose dans ce quartier.

passieren
Jeden Tag passiert etwas in diesem Stadtviertel.

pâtes (f. pl.) [pat]
Vous aimez les pâtes?

Nudeln, Teigwaren
Mögen Sie Nudeln?

patience (f.) [pasjɑ̃s]
Merci de votre patience!

Geduld
Danke für Ihre Geduld!

pâtisserie (f.) [patisʀi]
J'ai acheté ce gâteau à la pâtisserie du coin.
Moi, j'aime bien toutes les pâtisseries.

Konditorei, Kuchen
Diesen Kuchen habe ich beim Konditor an der Ecke gekauft.
Ich esse jeden Kuchen gerne.

patron (m.), **-ne** (f.) [patʀɔ̃ / patʀɔn]
Le patron de Brigitte lui a demandé de travailler jusqu'au 15 juillet.
Je voudrais parler au patron.

Chef, Chefin
Der Chef von Brigitte hat sie gebeten, bis zum 15. Juli zu arbeiten.
Ich möchte den Chef sprechen.

pauvre [povʀ]
C'est un quartier pauvre.

arm
Das ist ein armes Stadtviertel.

payant [pejã]
Stationnement payant

gebührenpflichtig
Gebührenpflichtiger Parkplatz

payer [peje]
Vous l'avez payée combien, cette robe?

zahlen, bezahlen
Wie viel haben Sie für dieses Kleid bezahlt?

pays (m.) [peji]
Vous venez de quel pays?

Land
Aus welchem Land kommen / stammen Sie?

paysage (m.) [peizaʒ]
Quel beau paysage!

Landschaft
Was für eine schöne Landschaft!

péage (m.) [peaʒ]
C'est une autoroute à péage.

Maut, Gebühr
Das ist ein Autobahn mit Gebühren / Maut.

peau (f.) [po]
J'ai la peau sèche.

Haut
Ich habe eine trockene Haut.

peine (f.) [pɛn]
Cela me fait de la peine de vous voir dans cet état.

Mühe, Kummer
Es macht mir Kummer, Sie in diesem Zustand zu sehen.

pendant [pãdã]
Nous avons travaillé pendant deux mois sur ce projet.

während
Wir haben zwei Monate lang an diesem Projekt gearbeitet.

pendant que [pãdãkə]
Fais la salade pendant que moi, je prépare la viande.

während
Mach schon mal den Salat, während ich das Fleisch vorbereite.

penser [pãse]
Je pense que vous avez raison.

denken
Ich denke, Sie haben Recht.

pension (f.) [pãsjõ]
La chambre coûte 100 euros, pension complète.

Pension
Das Zimmer kostet mit Vollpension 100 Euro.

demi-pension (f.) [dəmipãsjõ]
Quel est le prix de la demi-pension?

Halbpension
Wie teuer ist Halbpension?

Pentecôte (f.) [pãtkot]
A la Pentecôte, on partira à la campagne.

Pfingsten
Zu Pfingsten fahren wir aufs Land.

perdre [pɛʀdʀ]
J'ai perdu mon porte-monnaie.
Il a perdu son travail.

verlieren
Ich habe mein Portemonnaie verloren.
Er hat seine Stellung verloren.

père (m.) [pɛʀ]
Son père est à la retraite.

   grand-père (m.) [gʀɑ̃pɛʀ]
   Mon grand-père est très âgé.

période (f.) [peʀjɔd]
Elle a été élue pour une période de deux ans.

périphérique (m.) [peʀifeʀik]
Vous prenez le périphérique nord.

permettre [pɛʀmɛtʀ]
Mon père me permet de prendre sa voiture.
Si tu m'aidais, ça me permettrait de rentrer plus tôt.

se permettre [səpɛʀmɛtʀ]
Si je peux me permettre, je voudrais ajouter quelque chose.

permis (m.) [pɛʀmi]
Il n'a pas de permis de conduire (de travail, de séjour).

personne (f.) [pɛʀsɔn]
Je voudrais réserver une chambre pour deux personnes.

(ne ...) personne [(nə) pɛʀsɔn]
Personne n'est venu le voir depuis qu'il est à l'hôpital.
Tu as vu quelqu'un? – Non, personne.

petit, -e [p(ə)ti / p(ə)tit]
J'organise une petite fête avec des amis.

petit déjeuner (m.) [pətideʒœne]
Au petit déjeuner, je mange des croissants.

petite-fille (f.) [pətitfij]
J'ai deux petites-filles.

petit-fils (m.) [pətifis]
Mon petit-fils a dix ans.

petits-enfants (m. pl.) [pətizɑ̃fɑ̃]
Ma grand-mère a quatre petits-enfants.

Vater
Sein Vater ist im Ruhestand / in Rente.

Großvater
Mein Großvater ist sehr alt.

Periode
Sie ist auf zwei Jahre gewählt worden.

Umgehung, Umgehungsstraße
Nehmen Sie die nördliche Umgehung.

erlauben
Mein Vater erlaubt mir, dass ich seinen Wagen nehme.
Wenn du mir helfen würdest, könnte ich früher nach Hause fahren.

sich erlauben
Wenn ich es mir erlauben darf, würde ich gerne etwas hinzufügen.

Erlaubnis, Erlaubnisschein
Er hat keinen Führerschein (keine Arbeits-, Aufenthaltsgenehmigung).

Person
Ich möchte ein Zimmer für zwei Personen reservieren.

niemand
Niemand hat ihn besucht, seit er im Krankenhaus ist.
Hast du jemand gesehen? – Nein, niemand.

klein
Ich organisiere ein kleines Fest mit Freunden.

Frühstück
Zum Frühstück esse ich Croissants.

Enkelin
Ich habe zwei Enkelinnen.

Enkel
Mein Enkel ist 10 Jahre alt.

Enkelkinder
Meine Großmutter hat vier Enkel.

peu [pø]
Elle fume peu.

wenig
Sie raucht wenig.

un peu de [ɛ̃pødə]
Est-ce que je pourrais avoir un peu d'eau?

ein wenig
Könnte ich wohl etwas Wasser haben?

peuple (m.) [pœpl]
C'est un peuple sympathique.

Volk
Das ist ein sympathisches Volk.

pharmacie (f.) [faʀmasi]
On ne trouve ce médicament qu'en pharmacie.

Apotheke
Man findet dieses Medikament nur in Apotheken.

photo (f.) [foto]
Vous voulez voir les photos de nos dernières vacances?

Foto
Wollen Sie die Fotos von unserem letzten Urlaub sehen?

pièce (f.) [pjɛs]
On cherche un trois pièces.
J'ai encore besoin d'une pièce de 2 euros.
Je ne connais pas les pièces de Ionesco.

Zimmer, Stück
Wir suchen eine 3-Zimmer-Wohnung.
Ich brauche noch ein 2-Euro-Stück.

Die Stücke von Ionesco kenne ich nicht.

pied (m.) [pje]
Elle a mal aux pieds.
J'y suis allé à pied.

Fuß
Ihr schmerzen die Füße.
Ich bin zu Fuß hingegangen.

pierre (f.) [pjɛʀ]
C'est une vieille maison en pierres.

Stein
Das ist ein altes Steinhaus.

piéton (m.) [pjetɔ̃]
Les piétons ont la priorité dans cette zone.

Fußgänger
Fußgänger haben in diesem Bereich Vorrang.

piéton, -ne [pjetɔ̃ / pjetɔn]
C'est une zone piétonne.

Fußgänger-
Das ist eine Fußgängerzone.

piétonnier, piétonnière [pjetɔnje / pjetɔnjɛʀ]
Vous devez visiter notre rue piétonnière.

Fußgänger-
Sie müssen unbedingt unsere Fußgängerzone sehen.

pile (f.) [pil]
Il faut changer les piles de la radio.

Batterie
Die Batterien des Radios müssen ausgewechselt werden.

pique-nique (m.) [piknik]
Si on faisait un pique-nique dimanche?

Picknick
Wie wär's, wenn wir Sonntag ein Picknick machten?

pique-niquer [piknike]
On pourra s'arrêter à mi-chemin et pique-niquer.

picknicken
Wir könnten unterwegs anhalten und picknicken.

piscine (f.) [pisin]
On va à la piscine.

Schwimmbad
Wir gehen ins Schwimmbad.

place (f.) [plas]
Le théâtre est place du marché.
Est-ce que cette place est libre?
Qu'est-ce que tu ferais à ma place?

Platz
Das Theater liegt am Marktplatz.
Ist dieser Platz frei?
Was würdest du an meiner Stelle tun?

plage (f.) [plaʒ]
Il y a beaucoup de monde sur la plage.

Strand
Am Strand sind viele Leute.

se plaindre [səplɛ̃dʀ]
Tu ne peux vraiment pas te plaindre!

sich beklagen
Du kannst dich wirklich nicht beklagen!

plaire [plɛʀ]
L'hôtel ne nous a pas tellement plu.

gefallen
Das Hotel hat uns nicht besonders gefallen.

plaisir (m.) [pleziʀ]
J'espère que nous aurons bientôt le plaisir de vous voir.
Ça me fait plaisir de te revoir.
Avec plaisir!

Freude
Ich hoffe, dass wir bald das Vergnügen haben, Sie zu sehen.
Ich freue mich sehr, dich wieder zu sehen.
Mit Vergnügen!

plan (m.) [plɑ̃]
Je voudrais un plan de la ville.

Plan
Ich möchte gerne einen Stadtplan.

plante (f.) [plɑ̃t]
Elle m'a offert une plante verte.

Pflanze
Sie hat mir eine Grünpflanze geschenkt.

plat (m.) [pla]
Je prendrai un plat chaud.

Gericht
Ich nehme ein warmes Gericht.

plat, -e [pla / plat]
Le Nord de la France est très plat.

flach
Der Norden Frankreichs ist sehr flach.

plein, -e [plɛ̃ / plɛn]
Mon fils paie le plein tarif.
Le frigo est plein.

voll
Mein Sohn zahlt den vollen Preis.
Der Kühlschrank ist voll.

plein (m.) [plɛ̃]
Le plein (d'essence), s'il vous plaît!

Füllung
Voll tanken, bitte!

plein temps [plɛ̃tɑ̃]
Elle ne peut pas travailler à plein temps à cause des enfants.

Vollzeit
Sie kann wegen der Kinder nicht voll arbeiten.

pleurer [plœʀe]
Allez, ne pleure pas!

weinen
Weine doch nicht!

pleuvoir [pløvwaʀ]
Quand il a commencé à pleuvoir, nous sommes rentrés dans un café.

regnen
Als es anfing zu regnen, sind wir in ein Café gegangen.

pluie (f.) [plɥi]
La pluie nous a empêchés de sortir.

Regen
Der Regen hat uns davon abgehalten, auszugehen.

plupart [plypaʀ]
La plupart du temps il a plu.

meiste
Die meiste Zeit hat es geregnet.

plus [ply]
Il y a plus de six mois qu'il n'a pas écrit.

Elle est beaucoup plus jeune que son mari.
On le voit plus. Qu'est-ce qu'il devient?

mehr
Es ist schon über sechs Monate her, dass er geschrieben hat.
Sie ist viel jünger als ihr Mann.
Man sieht ihn gar nicht mehr. Was ist los mit ihm?

de plus en plus [dəplyzɑ̃ply]
J'ai de plus en plus mal.

immer mehr
Mir tut es immer mehr weh.

plusieurs [plyzjœʀ]
Il nous téléphone plusieurs fois par semaine.

mehrere
Er ruft uns mehrmals pro Woche an.

pneu (m.) [pnø]
Je dois changer les pneus. Est-ce qu'il y a un garage près d'ici?

Reifen
Ich muss die Reifen wechseln. Gibt es eine Werkstatt hier in der Nähe?

poche (f.) [pɔʃ]
Ne mets pas tes mains dans les poches!

Tasche
Steck die Hände nicht in die Hosentaschen!

poids (m.) [pwa]
Poids: 53 kg

Gewicht
Gewicht: 53 kg

point (m.) [pwɛ]
Résultat final du test: 20 points

Punkt
Endgültiges Testergebnis: 20 Punkte

point de vue (m.) [pwɛ̃dəvy]
Je ne partage pas votre point de vue.

Standpunkt
Ich teile Ihren Standpunkt nicht.

poisson (m.) [pwasõ]
On mange toujours du poisson le vendredi.

Fisch
Freitags essen wir immer Fisch.

poivre (m.) [pwavʀ]
Passe-moi le poivre, s'il te plaît!

Pfeffer
Gib mir bitte den Pfeffer!

poli, -e [pɔli]
Elle n'est pas toujours très polie.

höflich
Sie ist nicht immmer sehr höflich.

    impoli, -e [ɛ̃pɔli]
    Cet enfant est impoli.

unhöflich
Dieses Kind ist unhöflich.

police (f.) [pɔlis]
La police est arrivée quelques minutes après l'accident.
Appelez «Police secours»!

Polizei
Die Polizei ist einige Minuten nach dem Unfall gekommen.
Rufen Sie den Polizeinotruf an!

politique (f.) [pɔlitik]
Elle est entrée en politique.

Politik
Sie ist in die Politik gegangen.

politique (m.) [pɔlitik]
Les hommes politiques devraient trouver une solution au problème du chômage.

Politiker
Die Politiker sollten eine Lösung für das Problem der Arbeitslosigkeit finden.

politique [pɔlitik]
Il ne cache jamais ses tendances politiques.

politisch
Er versteckt seine politischen Ansichten nie.

pollué, -e [pɔlɥe]
La nature est de plus en plus polluée.

verschmutzt
Die Natur ist immer stärker verschmutzt.

pollution (f.) [pɔlysjõ]
La pollution des grandes villes est un grave problème.

Verschmutzung
Die Umweltverschmutzung in den Großstädten ist ein schwieriges Problem.

pomme de terre (f.) [pɔmdətɛʀ]
Achète un kilo de pommes de terre, s'il te plaît!

Kartoffel
Kauf bitte ein Kilo Kartoffeln!

pompier (m.) [põpje]
Au feu! Appelez les pompiers!

Feuerwehrmann
Feuer! Rufen Sie die Feuerwehr!

pont (m.) [põ]
Ils viennent de construire ce pont.

Brücke
Diese Brücke wurde kürzlich erst gebaut.

population (f.) [pɔpylasjõ]
La population des villes augmente de plus en plus.

Bevölkerung
Die Bevölkerung in den Städten nimmt immer mehr zu.

porc (m.) [pɔʀ]
Je préfère le porc au veau.

Schwein, Schweinefleisch
Ich esse lieber Schweinefleisch als Kalbfleisch.

port (m.) [pɔʀ]
Le restaurant est juste en face du port.

Hafen
Das Restaurant ist genau gegenüber vom Hafen.

portable (m. / adj.) [pɔʀtabl]
J'ai acheté un (téléphone) portable.

Handy
Ich habe ein Handy gekauft.

porte (f.) [pɔʀt]
Tu peux ouvrir la porte?

Tür
Könntest du die Tür öffnen?

portefeuille (m.) [pɔʀtəfœj]
J'ai perdu mon portefeuille avec ma carte d'identité.

Brieftasche
Ich habe meine Brieftasche zusammen mit dem Personalausweis verloren.

porte-monnaie (m.) [pɔʀtmɔnɛ]
J'ai trouvé un porte-monnaie dans la rue.

Portemonnaie
Ich habe ein Portemonnaie auf der Straße gefunden.

porter [pɔʀte]
Je peux vous aider à porter les valises?

Je porte des lunettes pour conduire.

tragen
Kann ich Ihnen helfen, die Koffer zu tragen?
Beim Fahren trage ich eine Brille.

emporter [ɑ̃pɔʀte]
Je peux emporter tes affaires.

mitnehmen
Ich kann deine Sachen mitnehmen.

poser [poze]
Vous pouvez poser votre valise ici.
Est-ce que je peux vous poser une question?

legen, stellen
Sie können Ihren Koffer hier abstellen.
Kann ich Sie etwas fragen?

positif, positive [pozitif / pozitiv]
Il m'a donné une réponse positive.

positiv
Er hat mir eine positive Antwort gegeben.

possible [pɔsibl]
J'aimerais bien venir, mais ce n'est pas possible.

möglich
Ich würde gerne kommen, aber das ist nicht möglich.

impossible [ɛ̃pɔsibl]
C'est absolument impossible!

unmöglich
Das ist absolut unmöglich!

poste (f.) [pɔst]
Où est la poste, s'il vous plaît?

Post
Wo ist die Post, bitte?

pot (m.) [po]
Un pot de café, s.v.p.

Topf, Krug
Einen Pott Kaffee, bitte.

poulet (m.) [pulɛ]
Vous mangez du poulet?

Huhn
Essen Sie Hühnchen?

pour [puʀ]
J'ai apporté ça pour vous.
Je regrette, mais je ne suis pas pour.

für
Das habe ich für Sie mitgebracht.
Ich bedaure, aber ich bin nicht dafür.

pourboire (m.) [puʀbwaʀ]
On laisse un pourboire?

Trinkgeld
Geben wir ein Trinkgeld?

pourquoi [puʀkwa]
Pourquoi êtes-vous en retard?
Et si on allait au théâtre? – Pourquoi pas!

warum
Warum kommt ihr zu spät?
Wie wär's, wenn wir ins Theater gingen? – Warum nicht!

pourtant [puʀtɑ̃]
Je suis encore très fatiguée, et pourtant j'ai bien dormi.

jedoch
Ich bin noch immer sehr müde, dabei habe ich doch gut geschlafen.

pousser [puse]
Pousse le lit contre le mur!
Elles poussent bien, tes plantes!

stoßen, gedeihen
Schieb das Bett an die Wand!
Deine Pflanzen gedeihen aber gut!

poussière (f.) [pusjɛʀ]
Tu as vu toute cette poussière?

Staub
Hast du all den Staub gesehen?

pouvoir [puvwaʀ]
Je ne peux plus rester debout! On s'assoit.
Allô, est-ce que je pourrais parler à Monsieur Didier?

können
Ich kann nicht mehr stehen! Setzen wir uns.
Hallo, könnte ich bitte Monsieur Didier sprechen?

pratique [pʀatik]
Un micro-ondes, c'est vraiment pratique!

praktisch
Eine Mikrowelle ist wirklich praktisch!

précis, -e [pʀesi / pʀesiz]
Ses informations ne sont jamais très précises.

genau, präzise
Seine Informationen sind nie sehr präzise.

préférer [pʀefeʀe]
Je préfère le vin à la bière.

vorziehen, lieber haben
Ich trinke lieber Wein als Bier.

prendre [pʀɑ̃dʀ]
N'oublie pas de prendre tes clés!

Je prends toujours le train de 17 heures.
Prenez la première rue à droite.
Il a pris ses vacances en août.

Vous prenez un thé?

nehmen
Vergiss nicht, deine Schlüssel mitzunehmen!
Ich nehme immer den Zug um 17 Uhr.
Biegen Sie die erste Straße rechts ab.
Er hat seinen Urlaub im August genommen.
Nehmen Sie einen Tee?

   reprendre [ʀəpʀɑ̃dʀ]
   Ce thé est excellent! J'en reprendrais bien un peu.
   Fini les vacances! Je reprends mon travail demain.

noch einmal / wieder nehmen
Dieser Tee ist ausgezeichnet! Ich nehme gerne noch ein wenig davon.
Die Ferien sind zu Ende! Ich fange morgen wieder an zu arbeiten.

prénom (m.) [pʀenɔ̃]
Son prénom est Marie.

Vorname
Ihr Vorname ist Marie.

préparation (f.) [pʀepaʀasjɔ̃]
La préparation du repas a duré une heure.

Vorbereitung
Die Zubereitung des Essens hat eine Stunde gedauert.

préparer [pʀepaʀe]
J'ai préparé une soupe aux légumes.
Je n'ai pas le temps, je prépare un examen.

vorbereiten
Ich habe eine Gemüsesuppe vorbereitet.
Ich habe keine Zeit, ich bereite eine Prüfung vor.

près [pʀɛ]
Elle habite près de Strasbourg.

nahe, bei, in der Nähe von
Sie wohnt bei Straßburg.

présenter [pʀezɑ̃te]
Je vous présente Monsieur Dupont.
Nous vous présentons nos meilleurs vœux.

vorstellen
Ich stelle Ihnen Monsieur Dupont vor.
Wir senden Ihnen unsere besten Wünsche.

président (m.) [pʀezidɑ̃]
C'est lui le président de cette association.

Präsident
Präsident dieses Verbandes ist er.

presque [pʀɛskə]
Elle n'est presque jamais là.

fast
Sie ist fast nie da.

presse (f.) [pʀɛs]
Elle en a informé la presse.

Presse
Sie hat die Presse darüber informiert.

pressé, -e [pʀese]
Dépêche-toi, je suis pressée!

eilig
Mach schon, ich hab's eilig!

prêt, -e [pʀɛ / pʀɛt]
Votre voiture sera prête dans 4 ou 5 jours.
On est prêt à partir.

fertig
Ihr Wagen ist in vier oder fünf Tagen fertig.
Wir sind soweit, wir können gehen.

prêter [pʀete]
Tu me prêtes ta voiture?

leihen
Leihst du mir deinen Wagen?

prétexte (m.) [pʀetɛkst]
Il va certainement trouver un prétexte pour ne pas venir.

Vorwand
Er findet bestimmt einen Vorwand, um nicht zu kommen.

preuve (f.) [pʀœv]
Vous avez une preuve?

Beweis
Haben Sie einen Beweis?

prévenir [pʀevniʀ]
Je vous préviendrai deux jours à l'avance.

benachrichtigen, warnen
Ich werde Sie zwei Tage vorher benachrichtigen.

prier [pʀije]
Je vous prie de croire à l'expression de mes sentiments les meilleurs. [lettre]
Merci. – Je vous en prie.

bitten
Mit freundlichen Grüßen [Schlussformel im Brief]
Danke. – Bitte sehr. / Nichts zu danken.

principal, -e [pʀɛ̃sipal]
C'est la rue principale.

Haupt-
Das ist die Hauptstraße.

priorité (f.) [pʀijɔʀite]
Les piétons ont la priorité dans cette zone.

Vorrang, Vorfahrt
In diesem Bereich haben die Fußgänger Vorrang.

privé, -e [pʀive]
C'est une école privée.

privat
Das ist eine Privatschule.

prix (m.) [pʀi]
Les prix ont encore augmenté.

Preis
Die Preise sind noch weiter gestiegen.

problème (m.) [pʀɔblɛm]
Le chômage est un grave problème.

Problem
Die Arbeitslosigkeit ist ein großes Problem.

prochain, -e [pʀɔʃɛ̃ / pʀɔʃɛn]
Continuez tout droit jusqu'au prochain carrefour.
A la semaine prochaine!

nächster, nächste
Immer geradeaus bis zur nächsten Kreuzung.
Bis nächste Woche!

proche [pʀɔʃ]
Où se trouve la cabine téléphonique la plus proche?

nahe
Wo ist die nächste Telefonzelle?

producteur (m.), **productrice** (f.) [pʀɔdyktœʀ / pʀɔdyktʀis]
La France est un producteur important d'énergie nucléaire.

Produzent, Produzentin
Frankreich ist ein wichtiger Produzent von Kernenergie.

production (f.) [pʀɔdyksjɔ̃]
Notre production baisse d'année en année.

Produktion
Unsere Produktion geht von Jahr zu Jahr weiter zurück.

produire [pʀɔdɥiʀ]
Qu'est-ce qu'on produit dans cette entreprise?

produzieren
Was wird in diesem Unternehmen produziert?

produit (m.) [pʀɔdɥi]
Je dois acheter un produit pour laver la vaisselle.

Produkt, Mittel
Ich muss ein Geschirrspülmittel kaufen.

profession (f.) [pʀɔfesjɔ̃]
Quelle est votre profession?

Beruf
Was sind Sie von Beruf?

professionnel, -le [pʀɔfesjɔnɛl]
Quelles sont vos expériences professionnelles?

beruflich
Welche Berufserfahrungen haben Sie?

profiter [pʀɔfite]
J'ai profité de l'occasion pour aller le voir.

nutzen
Ich habe die Gelegenheit genutzt, um ihn zu besuchen.

profond, -e [pʀɔfɔ̃ / pʀɔfɔ̃d]
Vous ne pouvez pas nager ici, l'eau n'est pas assez profonde.

tief
Hier können Sie nicht schwimmen, das Wasser ist nicht tief genug.

programme (m.) [pʀɔgʀam]
Qu'est-ce qu'il y a au programme ce soir?
Quels programmes avez-vous sur votre ordinateur?

Programm
Was steht für heute Abend auf dem Programm?
Welche Programme haben Sie auf Ihrem Computer?

progrès (m.) [pʀɔgʀɛ]
Cet enfant fait de grands progrès.

Fortschritt
Dieses Kind macht große Fortschritte.

projet – publicitaire

projet (m.) [pʀɔʒɛ]
Quels sont vos projets de vacances?

Projekt
Welche Urlaubspläne haben Sie?

promenade (f.) [pʀɔmnad]
On a fait une promenade dans la forêt.

Spaziergang
Wir haben einen Spaziergang im Wald gemacht.

se promener [səpʀɔmne]
On va se promener?

spazieren gehen
Gehen wir spazieren?

promettre [pʀɔmɛtʀ]
Il a promis de s'occuper personnellement de cette affaire.

versprechen
Er hat versprochen, sich persönlich um diese Angelegenheit zu kümmern.

proposer [pʀɔpoze]
Ils ont proposé de nous raccompagner.

vorschlagen
Sie haben vorgeschlagen, uns nach Hause zu begleiten.

proposition (f.) [pʀɔpozisjõ]
Cette proposition est inacceptable.

Vorschlag
Dieser Vorschlag ist unannehmbar.

propre [pʀɔpʀ]
La chambre n'est pas très propre.

sauber
Das Zimmer ist nicht sehr sauber.

protection (f.) [pʀɔtɛksjõ]
La protection de l'environnement est un problème très actuel.

Schutz
Der Umweltschutz ist ein sehr aktuelles Problem.

protéger [pʀɔteʒe]
Il faut protéger la nature.

schützen
Die Natur muss man schützen.

prouver [pʀuve]
Prouvez que vous avez raison!

beweisen
Beweisen Sie doch, dass Sie Recht haben!

province (f.) [pʀɔvɛ̃s]
Moi, je préfère habiter en province.

Provinz
Ich aber möchte lieber in der Provinz wohnen.

prudent, -e [pʀydã / pʀydãt]
Sois prudent, il y a du verglas sur les routes!

vorsichtig
Sei vorsichtig, es ist Glatteis auf den Straßen!

public (m.) [pyblik]
Le Président de la République s'est adressé au public.

Öffentlichkeit
Der Staatspräsident hat sich an die Öffentlichkeit gewandt.

public, publique [pyblik]
C'est un jardin public.

öffentlich
Das ist ein öffentlicher Garten.

publicitaire [pyblisitɛʀ]
La ville est pleine d'affiches publicitaires.

Werbe-
Die Stadt ist voll mit Werbeplakaten.

pub(licité) (f.) [pyb(lisite)]
On a fait beaucoup de publicité pour ces voitures.

Werbung
Für diese Wagen wurde eine Menge Werbung gemacht.

puis [pɥi]
Puis vous continuez tout droit.
J'ai d'abord habité à Paris et puis, plus tard, à Rennes.

dann
Dann fahren Sie weiter geradeaus.
Zuerst habe ich in Paris gewohnt, später dann in Rennes.

pull(-over) (m.) [pyl(ovɛʀ)]
Ce pull te va très bien.

Pulli, Pullover
Dieser Pulli steht dir sehr gut.

Q

quai (m.) [ke]
Départ: quai N° 5

Bahnsteig
Abfahrt: Bahnsteig 5

qualité (f.) [kalite]
La qualité de la vie a beaucoup diminué ces dernières années.

Qualität
Die Lebensqualität hat in den letzten Jahren sehr abgenommen.

quand [kɑ̃]
Quand j'étais étudiant, j'allais souvent au cinéma.
Vous partez quand?

wann, als
Als ich Student war, bin ich oft ins Kino gegangen.
Wann reisen Sie ab?

quand même [kɑ̃mɛm]
Il avait la grippe, mais il est venu quand même.

trotzdem
Er hatte Grippe, aber er ist trotzdem gekommen.

quantité [kɑ̃tite]
J'achète le lait toujours en grande quantité.

Menge
Ich kaufe Milch immer in großen Mengen.

quart [kaʀ]
Le train part dans un quart d'heure.
Un quart de rouge, s'il vous plaît!

Viertel
Der Zug fährt in einer Viertelstunde ab.
Einen Viertelliter Rotwein, bitte!

quartier (m.) [kaʀtje]
Je ne suis pas du quartier.

Stadtviertel
Ich stamme nicht aus diesem Viertel.

que [kə]
J'espère que vous allez mieux.

dass
Ich hoffe, dass es Ihnen besser geht.

ne ... que [nəkə]
Il n'aime que moi!

nur
Er mag nur mich!

quel, quelle, quels, quelles [kɛl]
Tu es arrivé à quelle heure?

welcher, welche, welches
Wann bist du angekommen?

quelque, quelques [kɛlkə]
On ira quelque part en Bretagne.
On a parlé à quelques ouvriers.

irgendwelche, einige
Wir fahren irgendwohin in die Bretagne.
Wir haben mit einigen Arbeitern gesprochen.

quelque part [kɛlkəpaʀ]
Je cherche mon livre. Tu l'as vu quelque part?

irgendwo, irgendwohin
Ich suche mein Buch. Hast du es irgendwo gesehen?

quelqu'un [kɛlkɛ̃]
Il y a quelqu'un?

irgendjemand, jemand
Ist da jemand?

qu'est-ce que [kɛskə]
Qu'est-ce que vous faites demain?

was
Was machen Sie morgen?

qu'est-ce qui [kɛski]
Voyons, qu'est-ce qui ne va pas?

was
Aber, aber, was ist denn los? / wo fehlts denn?

question (f.) [kɛstjɔ̃]
Je voudrais vous poser une question.
C'est une question très importante.

Frage
Ich möchte Sie etwas fragen.
Das ist eine sehr wichtige Frage.

qui [ki]
Le jeune homme qui porte des lunettes est le copain de Marie.
Qui est-ce que tu as rencontré?
Qui a téléphoné?

wer, der
Der junge Mann mit der Brille ist der Freund von Marie.
Wen hast du getroffen?
Wer hat angerufen?

quitter [kite]
Vous n'avez jamais quitté votre pays?
Ne quittez pas, s'il vous plaît! [téléphone]

verlassen
Haben Sie Ihr Land nie verlassen?
Bleiben Sie bitte am Apparat! [Telefon]

quoi [kwa]
A quoi penses-tu?

was
Woran denkst du?

R

raccompagner [ʀakɔ̃paɲe]
Je te raccompagne chez toi.

zurückbegleiten
Ich bringe dich nach Hause.

racheter [ʀaʃte]
Il faut racheter du pain.

wieder kaufen
Wir müssen wieder Brot kaufen / Brot nachkaufen.

raconter [ʀakɔ̃te]
Il m'a raconté une histoire.

erzählen
Er hat mir eine Geschichte erzählt.

radio (f.) [ʀadjo]
Tu écoutes la radio?

Radio
Hörst du Radio?

radio-réveil (m.) [ʀadjoʀevɛj]
Elle m'a offert un radio-réveil pour mon anniversaire.

Radiowecker
Sie hat mir zum Geburtstag einen Radiowecker geschenkt.

raison (f.) [ʀezõ]
Il croit toujours avoir raison.

Grund, Recht
Er glaubt, immer Recht zu haben.

ralentir [ʀalɑ̃tiʀ]
Ralentis, il y a un stop!

langsamer fahren
Fahr langsamer, da ist ein Stoppschild!

ramasser [ʀamase]
Nous avons ramassé des feuilles dans le jardin.

aufheben, einsammeln, aufsammeln
Wir haben Blätter im Garten aufgesammelt.

ramener [ʀamne]
Tu peux ramener du pain?

zurückbringen, mitbringen
Kannst du Brot mitbringen?

randonnée (f.) [ʀɑ̃dɔne]
Nous avons fait une randonnée en montagne.

Wanderung
Wir haben eine Bergwanderung gemacht.

ranger [ʀɑ̃ʒe]
Il faut absolument que je range ma chambre.

aufräumen
Ich muss unbedingt mein Zimmer aufräumen.

rapide [ʀapid]
L'avion, c'est plus rapide et beaucoup moins fatigant.

schnell
Das Flugzeug ist schneller und weit weniger ermüdend.

rappeler [ʀaple]
Laissez-nous votre numéro de téléphone, nous vous rappellerons.

wieder anrufen, zurückrufen
Geben Sie uns Ihre Telefonnummer, wir rufen Sie zurück.

se rappeler [səʀaple]
Je ne me rappelle plus où je l'ai rencontré.

sich erinnern
Ich erinnere mich nicht mehr, wo ich ihn getroffen habe.

rapport (m.) [ʀapɔʀ]
Il a écrit un rapport de plus de dix pages.
J'ai de bons rapports avec mes collègues.

Bericht, Beziehung
Er hat einen Bericht von über zehn Seiten geschrieben.
Ich habe ein gutes Verhältnis zu meinen Kollegen.

rare [ʀaʀ]
C'est rare qu'on vienne ici.

selten
Hierher kommt man nur selten.

rarement [ʀaʀmɑ̃]
Il va rarement au théâtre.

selten
Er geht selten ins Theater.

se raser [səʀaze]
Je ne me suis pas encore rasé ce matin.

sich rasieren
Ich habe mich heute Morgen noch nicht rasiert.

rater [ʀate]
Dépêche-toi, tu vas rater ton train!

verpassen
Beeil dich, du verpasst sonst den Zug!

rayon (m.) [ʀɛjõ]
Le rayon sports est au sous-sol.

Abteilung
Die Sportabteilung ist im Untergeschoss.

réaction (f.) [ʀeaksjõ]
Quelle a été la réaction des syndicats?

Reaktion
Was war die Reaktion der Gewerkschaften?

réalisable [ʀealizabl]
Ce travail est tout à fait réalisable.

realisierbar
Diese Arbeit ist ohne Probleme machbar.

irréalisable [iʀealizabl]
Votre projet est irréalisable.

nicht realisierbar
Ihr Projekt ist nicht realisierbar.

réaliser [ʀealize]
J'ai pu réaliser tous mes projets.

realisieren, verwirklichen
Ich habe alle meine Projekte verwirklichen können.

réalité (f.) [ʀealite]
En réalité, ça s'est passé autrement.

Realität
Die Sache hat sich in Wirklichkeit anders abgespielt.

réception (f.) [ʀesɛpsjõ]
On vous attendra à la réception de l'hôtel.

Rezeption, Empfang
Wir warten an der Hotelrezeption auf Sie.

recevoir [ʀəs(ə)vwaʀ]
Tu as reçu ma lettre?

erhalten
Hast du meinen Brief erhalten?

réchauffer [ʀeʃofe]
Il faut réchauffer ce repas.

aufwärmen, wieder heiß machen
Das Essen muss aufgewärmt werden.

rechercher [ʀəʃɛʀʃe]
J'irai rechercher les enfants à l'école.

Cette entreprise recherche deux secrétaires.

(wieder) suchen, wieder abholen
Ich hole die Kinder wieder von der Schule ab.
Diese Firma sucht zwei Sekretärinnen.

réclamation (f.) [ʀeklamasjõ]
Le bureau des réclamations est au premier étage.

Reklamation
Das Reklamationsbüro ist im ersten Stock.

réclamer [ʀeklame]
Les syndicats réclament des augmentations de salaire.

reklamieren, fordern
Die Gewerkschaften fordern Lohnerhöhungen.

recommander [ʀəkɔmɑ̃de]
Je vous recommande ce vin.
J'ai reçu deux lettres recommandées.

empfehlen
Ich empfehle Ihnen diesen Wein.
Ich habe zwei Einschreibbriefe erhalten.

recommencer [ʀəkɔmɑ̃se]
Le mauvais temps a recommencé.

wieder anfangen
Das Wetter ist wieder schlecht geworden.

reconnaître [ʀəkɔnɛtʀ]
Je ne l'ai pas reconnu tout de suite.

wieder erkennen
Ich habe ihn nicht gleich wieder erkannt.

recyclable [ʀəsyklabl]
Tous nos articles sont recyclables.

wieder verwertbar
Alle unsere Artikel sind wieder verwertbar.

recyclé, -e [ʀəsykle]
Je n'utilise que du papier recyclé.

recycelt
Ich verwende nur recyceltes Papier.

recycler [ʀəsykle]
On peut recycler les bouteilles en verre.

recyceln
Glasflaschen kann man recyclen.

redemander [ʀədəmɑ̃de]
Je lui ai redemandé son adresse.

noch einmal fragen, bitten
Ich habe sie / ihn noch einmal nach ihrer / seiner Adresse gefragt.

redescendre [ʀədesɑ̃dʀ]
Je redescends chercher les valises.

wieder nach unten gehen
Ich gehe noch einmal hinunter und hole die Koffer.

redire [ʀədiʀ]
Je le lui ai redit, mais il l'a encore oublié.

noch einmal sagen
Ich es ihm noch einmal gesagt, aber er hat es wieder vergessen.

redonner [ʀədɔne]
Il m'a redonné son adresse, mais je l'ai encore perdue.

wieder / noch einmal geben
Er hat mir seine Adresse noch einmal gegeben, aber ich habe sie wieder verloren.

réduction (f.) [ʀedyksjɔ̃]
Pour les familles nombreuses, il y a une carte de réduction.

Preisnachlass
Für kinderreiche Familien gibt es eine Karte für Preisnachlässe.

réel, -le [ʀeɛl]
Cet enfant a de réelles difficultés.

reell, echt
Dieses Kind hat echte Schwierigkeiten.

réellement [ʀeɛlmɑ̃]
Vous croyez réellement que ça marchera?

wirklich
Glauben Sie wirklich, dass das funktioniert?

refaire [ʀəfɛʀ]
Ce travail est à refaire.

noch einmal machen
Diese Arbeit muss noch einmal gemacht werden.

refermer [ʀəfɛʀme]
Refermez la porte, s'il vous plaît!

wieder schließen
Schließen Sie bitte wieder die Tür!

réfléchir [ʀefleʃiʀ]
J'ai longtemps réfléchi à ce problème.

nachdenken
Ich habe lange über dieses Problem nachgedacht.

refuser [ʀəfyze]
Le patron lui a refusé une augmentation de salaire.

verweigern, ablehnen
Der Chef hat ihm eine Gehaltserhöhung verweigert.

regarder [ʀəgaʀde]
On regarde la télé, ce soir?

betrachten, schauen, sehen
Wollen wir heute Abend fernsehen?

région (f.) [ʀeʒjõ]
Ils habitent la région parisienne.

Region, Gegend
Sie wohnen im Raum Paris.

régional, -e [ʀeʒjonal]
C'est un produit régional.

Regional-
Das ist ein Produkt aus der Gegend.

en règle [ãʀɛgl]
Vos papiers ne sont pas en règle.

in Ordnung
Ihre Papiere sind nicht in Ordnung.

règlement (m.) [ʀɛgləmã]
Le règlement interdit de faire du bruit après 22 heures.

Regelung
Die Regelung untersagt, dass nach 22 Uhr noch Lärm gemacht wird.

régler [ʀegle]
Il faut régler cette affaire rapidement.

regeln
Die Sache müssen wir schnell regeln.

regret (m.) [ʀəgʀɛ]
J'ai le regret de vous informer de mon départ.

Bedauern
Ich bedaure, dass ich Ihnen dies sagen muss: Ich reise ab.

regretter [ʀəgʀete]
Je regrette mais je ne pouvais pas venir à ton anniversaire.

bedauern
Es tut mir Leid, aber ich konnte zu deinem Geburtstag nicht kommen.

relation (f.) [ʀəlasjõ]
J'ai de bonnes relations avec ma famille.

Il a beaucoup de relations dans le milieu industriel.

Beziehung
Ich habe ein gutes Verhältnis zu meiner Familie.
Er hat viele Beziehungen zur Industrie.

religion (f.) [ʀəliʒjõ]
Il y a plusieurs religions en France.

Religion
In Frankreich gibt es mehrere Religionen.

relire [ʀəliʀ]
J'ai relu ce texte plusieurs fois.

noch einmal lesen
Ich habe diesen Text mehrmals gelesen.

remarque (f.) [ʀəmaʀk]
C'est une remarque intéressante.

Bemerkung
Das ist eine interessante Bemerkung.

remarquer [ʀəmaʀke]
Vous avez remarqué qu'il ne lui parle plus?

bemerken
Haben Sie bemerkt, dass er nicht mehr mit ihm / ihr spricht?

remboursement (m.) [ʀɑ̃buʀsmɑ̃]
Le remboursement se fera sur votre compte bancaire.

Erstattung
Die Kostenerstattung wird auf Ihr Bankkonto überwiesen.

rembourser [ʀɑ̃buʀse]
Je regrette, mais je ne peux pas vous rembourser.

erstatten
Es tut mir Leid, aber ich kann Ihnen die Kosten nicht erstatten.

remerciement (m.) [ʀəmɛʀsimɑ̃]
Avec tous mes remerciements.

Dank
Mit bestem Dank.

remercier [ʀəmɛʀsje]
Je vous remercie d'être venu.

danken
Ich danke Ihnen, dass Sie gekommen sind.

remettre [ʀəmɛtʀ]
Remettez les journaux à leur place!

wieder setzen, wieder legen
Legt die Zeitungen wieder an ihren Platz!

remonter [ʀəmõte]
Je ne suis plus remontée sur un vélo depuis l'âge de 10 ans.

wieder hinaufsteigen
Ich bin, seit ich 10 war, nicht mehr auf ein Fahrrad gestiegen.

remplacer [ʀɑ̃plase]
Il faut que je fasse remplacer les pneus de ma voiture.
Est-ce que tu pourrais me remplacer demain?

ersetzen, vertreten
Ich muss die Reifen meines Wagens ersetzen / erneuern lassen.
Könntest du mich morgen vertreten?

remplir [ʀɑ̃pliʀ]
Remplissez ce formulaire, s'il vous plaît!

füllen, ausfüllen
Füllen Sie bitte dieses Formular aus!

rencontre (f.) [ʀɑ̃kõtʀ]
J'ai participé à une rencontre internationale.

Begegnung
Ich habe an einer internationalen Begegnung teilgenommen.

rencontrer [ʀɑ̃kõtʀe]
Où est-ce que vous l'avez rencontré pour la première fois?

begegnen, treffen
Wo haben Sie ihn zum ersten Mal getroffen?

se rencontrer [səʀɑ̃kõtʀe]
Nous nous sommes rencontrés devant le cinéma.

sich begegnen, sich treffen
Wir haben uns vor dem Kino getroffen.

rendez-vous (m.) [ʀɑ̃devu]
Je lui ai donné rendez-vous à 11 heures dans un café.

Verabredung
Ich habe mich für 11 Uhr mit ihm / ihr in einem Café verabredet.

rendre [ʀɑ̃dʀ]
Vous pouvez me rendre mon livre?
On lui a rendu visite à l'hôpital.
Vous m'avez vraiment rendu un grand service.

zurückgeben, abstatten, erweisen
Können Sie mir mein Buch zurückgeben?
Wir haben ihn im Krankenhaus besucht.
Sie haben mir wirklich einen großen Gefallen getan.

renseignement (m.) [Rɑ̃sɛɲ(ə)mɑ̃]
Je voudrais des renseignements sur la région.
Où se trouve le bureau de renseignements?

Auskunft, Information
Ich hätte gerne Informationen über die Gegend.
Wo ist das Informationsbüro?

renseigner [Rɑ̃seɲe]
Je suis désolé, mais je ne peux pas vous renseigner.

Auskunft geben
Es tut mir Leid, aber ich kann Ihnen keine Auskunft geben.

rentrée (f.) [Rɑ̃tRe]
La rentrée scolaire est en septembre.

Schuljahrsbeginn
Das neue Schuljahr fängt im September an.

rentrer [Rɑ̃tRe]
Il va bientôt faire nuit. Rentrons!

nach Hause gehen / fahren
Es ist bald Nacht. Lass uns nach Hause gehen!

renvoyer [Rɑ̃vwaje]
Renvoyez-nous la lettre signée.

zurückschicken
Schicken Sie uns den Brief unterschrieben zurück.

réorganiser [ReɔRganize]
La nouvelle direction a réorganisé l'entreprise.

umorganisieren
Die neue Direktion hat das Unternehmen umorganisiert.

réparation [RepaRasjɔ̃]
La réparation de votre voiture va durer quelques jours.

Reparatur
Die Reparatur Ihres Wagens wird einige Tage dauern.

réparer [RepaRe]
La voiture n'est pas encore réparée.

reparieren
Der Wagen ist noch nicht repariert.

reparler [RəpaRle]
Nous reparlerons de cette affaire plus tard.

wieder / noch einmal sprechen
Wir sprechen über diese Sache später noch einmal.

repartir [RəpaRtiR]
Je repars à Paris dimanche après-midi.

wieder fortgehen / abreisen
Ich fahre Sonntagnachmittag nach Paris zurück.

repas (m.) [Rəpa]
Il a préparé le repas tout seul.

Essen, Mahlzeit
Er hat das Essen ganz allein vorbereitet.

répéter [Repete]
Vous pouvez répéter votre question, s'il vous plaît?

wiederholen
Können Sie Ihre Frage bitte wiederholen?

répondeur (m.) [Repɔ̃dœR]
Vous pouvez laisser un message sur le répondeur.

Anrufbeantworter
Sie können eine Nachricht auf dem Anrufbeantworter hinterlassen.

répondre [ʀepõdʀ]
Elle n'a pas encore répondu à ma lettre.

antworten
Sie hat auf meinen Brief noch nicht geantwortet.

réponse (f.) [ʀepõs]
Je n'ai toujours pas reçu de réponse.

Antwort
Ich habe immer noch keine Antwort erhalten.

se reposer [səʀəpoze]
Il faut que tu te reposes un peu, tu es trop fatigué.

sich erholen, sich ausruhen
Du musst dich ein wenig ausruhen, du bist zu erschöpft.

reprendre [ʀəpʀɑ̃dʀ]
Ce thé est excellent! J'en reprendrais bien un peu.
Fini les vacances! Je reprends mon travail demain.

noch einmal / wieder nehmen
Dieser Tee ist ausgezeichnet! Ich nehme gerne noch ein wenig davon.
Die Ferien sind zu Ende! Ich fange morgen wieder an zu arbeiten.

représentation (f.) [ʀəpʀezɑ̃tasjõ]
La représentation commence à 20h30.

Vorstellung, Aufführung
Die Vorstellung beginnt um 20.30 Uhr.

représenter [ʀəpʀezɑ̃te]
Il représente les étudiants.

vertreten
Er vertritt die Studenten.

reproche (m.) [ʀəpʀɔʃ]
Il m'a fait des reproches parce que je suis arrivé en retard.

Vorwurf
Er hat mir Vorwürfe gemacht, weil ich zu spät gekommen bin.

reprocher [ʀəpʀɔʃe]
Il est parfait. On ne peut rien lui reprocher.

vorwerfen
Er ist perfekt. Man kann ihm einfach nichts vorwerfen.

république (f.) [ʀepyblik]
Le Président de la République s'est adressé aux Français.

Republik
Der Präsident der Republik hat sich an die Franzosen gewandt.

réservation (f.) [ʀezɛʀvasjõ]
On a oublié de faire des réservations à l'hôtel.

Reservierung
Wir haben vergessen, Zimmer im Hotel zu reservieren.

réserver [ʀezɛʀve]
Je voudrais réserver une table pour six personnes.

reservieren, bestellen
Ich möchte einen Tisch für sechs Personen reservieren.

respecter [ʀɛspɛkte]
Respectez l'environnement!

respektieren
Achten Sie die Umwelt!

responsable [ʀɛspõsabl]
Il est responsable des ventes.

verantwortlich
Er ist verantwortlich für den Verkauf.

ressembler [ʀəsɑ̃ble]
Cet enfant ressemble beaucoup à sa mère.

ähnlich sein, ähneln
Dieses Kind ähnelt seiner Mutter sehr.

ressortir [RəsɔRtiR]
Je ne ressortirai plus ce soir.

wieder weggehen
Ich gehe heute Abend nicht noch einmal weg.

restaurant (m.) [REstoRɑ̃]
Je vous invite au restaurant.

Restaurant
Ich lade Sie ins Restaurant ein.

reste (m.) [REst]
On va manger les restes du poulet.

Rest
Wir werden die Reste vom Hühnchen essen.

rester [REste]
On restera deux semaines en Normandie.

bleiben
Wir werden zwei Wochen in der Normandie bleiben.

résultat (m.) [Rezylta]
Quels sont les résultats des dernières élections?

Ergebnis
Was sind die Ergebnisse der letzten Wahlen?

retard (m.) [RətaR]
Le train avait un retard de 20 minutes.

Verspätung
Der Zug hatte 20 Minuten Verspätung.

retour (m.) [RətuR]
Un aller-retour pour Marseille, s'il vous plaît!
Depuis son retour, elle ne me parle plus.

Rückkehr, Rückfahrt
Eine Rückfahrkarte nach Marseille, bitte!
Seit ihrer Rückkehr spricht sie nicht mehr mit mir.

retourner [RətuRne]
Il voudrait retourner chez lui.

zurückkehren
Er möchte nach Hause zurück.

retraite (f.) [RətREt]
Il est à la retraite depuis un an.

Elle a pris sa retraite à 56 ans.

Ruhestand, Rente, Pension
Er ist seit einem Jahr im Ruhestand / in Rente.
Sie ist mit 56 Jahren in den Ruhestand / in Rente gegangen.

retrouver [RətRuve]
J'ai retrouvé mes clés.

wieder finden
Ich habe meine Schlüssel wieder gefunden.

se retrouver [səRətRuve]
On se retrouve devant le cinéma.

sich wieder treffen / einfinden
Wir treffen uns vor dem Kino wieder.

réunion (f.) [Reynjɔ̃]
Nous avons une réunion cet après-midi.

Sitzung, Zusammenkunft
Wir haben heute Nachmittag eine Sitzung.

réussir [ReysiR]
Il a réussi son bac.

gelingen, bestehen
Er hat sein Abi bestanden.

rêve (m.) [REv]
Faites de beaux rêves!

Traum
Träumt süß!

réveil (m.) [ʀevɛj]
Le réveil n'a pas sonné ce matin.

Wecker
Der Wecker hat heute Morgen nicht geklingelt.

réveiller [ʀevɛje]
Vous pouvez me réveiller à 7 heures?

aufwecken
Können Sie mich um 7 Uhr wecken?

se réveiller [səʀevɛje]
Ce matin, je me suis réveillé en retard.

aufwachen
Heute Morgen bin ich zu spät aufgewacht.

revenir [ʀəvəniʀ]
Quand est-ce que vous reviendrez nous voir?

wieder kommen
Wann kommen Sie wieder zu Besuch?

rêver [ʀɛve]
J'ai toujours rêvé d'habiter à la campagne.

träumen
Ich habe immer davon geträumt, auf dem Land zu wohnen.

revoir [ʀəvwaʀ]
J'espère vous revoir bientôt.

wieder sehen
Ich hoffe, Sie bald wieder zu sehen.

revue (f.) [ʀəvy]
Je suis abonné à une revue de sport.

Zeitschrift
Ich habe eine Sportzeitschrift abonniert.

rez-de-chaussée (m.) [ʀedʃose]
J'habite au rez-de-chaussée.

Erdgeschoss
Ich wohne im Erdgeschoss.

rhume (m.) [ʀym]
J'ai le rhume.

Erkältung
Ich bin erkältet.

riche [ʀiʃ]
Ils sont assez riches.

reich
Sie sind ziemlich reich.

rien [ʀjɛ̃]
Qu'est-ce que tu fais? – Rien.

nichts
Was machst du? – Nichts.

de rien [dəʀjɛ̃]
Merci! – De rien.

für nichts
Danke! – Nichts zu danken. / Gern geschehen.

ne … rien [nəʀjɛ̃]
J'ai écouté, mais je n'ai rien compris.

nichts
Ich habe zugehört, habe aber nichts verstanden.

rire [ʀiʀ]
Cette histoire drôle m'a beaucoup fait rire.
Mais c'était pour rire, ne te fâche pas!

lachen
Über diese lustige Geschichte musste ich sehr lachen.
Das war doch nur Spaß, sei nicht böse!

rivière (f.) [ʀivjɛʀ]
Nous nous sommes baignés dans la rivière.

Fluss
Wir haben im Fluss gebadet.

riz (m.) [ʀi] — Reis
Vous aimez le riz? — Mögen Sie Reis?

robe (f.) [ʀɔb] — Kleid
Où est-ce que tu as acheté cette robe? — Wo hast du dieses Kleid gekauft?

rôle (m.) [ʀol] — Rolle
Quel est son rôle dans cette affaire? — Welche Rolle hat / spielt er in dieser Sache?

rond, -e [ʀõ / ʀõd] — rund
On cherche une table ronde. — Wir suchen einen runden Tisch.

rosé (m.) [ʀoze] — Rosé
Nous avons goûté à un très bon rosé de Provence. — Wir haben einen sehr guten Rosé aus der Provence probiert.

roue (f.) [ʀu] — Rad
Où est la roue de secours? — Wo ist das Reserverad?

rouge [ʀuʒ] — rot
Ce pull, vous ne l'auriez pas en rouge? — Hätten Sie diesen Pulli nicht vielleicht auch in Rot?

rouler [ʀule] — rollen, fahren
Il roule beaucoup trop vite. — Er fährt viel zu schnell.

route (f.) [ʀut] — Straße
Il y a du verglas sur les routes. — Auf den Straßen ist Glatteis.
Bonne route! — Gute Fahrt!
Dans une heure, on se met en route! — In einer Stunde fahren wir ab!
Il a pris la route malgré le brouillard. — Er ist trotz des Nebels gefahren.

routier (m.) [ʀutje] — Fernfahrer
Les routiers sont sympa. — Fernfahrer sind nett.

rue (f.) [ʀy] — Straße
Prenez la rue à gauche! — Biegen Sie in die Straße links ein!

S

sa, son, ses [sa / sõ / se] — sein, seine / ihr, ihre
Ce sont ses enfants. — Das sind seine / ihre Kinder.

sac (m.) [sak] — Tasche, Handtasche
Elle a perdu son sac à main. — Sie hat ihre Handtasche verloren.

saignant, -e [sɛɲɑ̃ / sɛɲɑ̃t] — blutig
Un steak saignant, s'il vous plaît! — Ein Steak, englisch (gebraten), bitte!

saigner [seɲe]
Il saigne du nez.

bluten
Er hat Nasenbluten.

saison (f.) [sezõ]
Il fait trop froid pour la saison.

Jahreszeit
Es ist zu kalt für die Jahreszeit.

salade (f.) [salad]
Une salade de fruits, s'il vous plaît!

Salat
Einen Obstsalat, bitte!

salaire (m.) [salɛʀ]
Mon salaire n'a pas augmenté depuis deux ans.

Lohn, Gehalt
Seit zwei Jahren ist mein Gehalt nicht gestiegen.

salarié, -e [salaʀje]
L'entreprise a licencié cent salariés.

Arbeitnehmer, Arbeitnehmerin
Das Unternehmen hat hundert Beschäftigte entlassen.

sale [sal]
J'ai les mains sales.

schmutzig
Ich habe schmutzige Hände.

salir [saliʀ]
Il a encore sali son manteau!

schmutzig machen
Er hat seinen Mantel schon wieder schmutzig gemacht!

salon (m.) [salõ]
On prendra le café au salon.

Wohnzimmer
Wir trinken den Kaffee im Wohnzimmer.

salle (f.) [sal]
Où est la salle de réunion?

Saal, Raum
Wo ist der Sitzungssaal?

salle à manger [salamɑ̃ʒe]
La salle à manger est au rez-de-chaussée.

Esszimmer
Das Esszimmer ist im Erdgeschoss.

salle de bains [saldəbɛ̃]
Je voudrais une chambre avec salle de bains.

Bad
Ich möchte ein Zimmer mit Bad.

salut [saly]
Salut Paul! Ça va?

hallo
Hallo, Paul! Wie geht's?

sandwich (m.) [sɑ̃dwitʃ]
Un sandwich au jambon, s'il vous plaît!

Sandwich
Ein Schinkensandwich, bitte!

sang (m.) [sɑ̃]
J'ai donné du sang.

Blut
Ich habe Blut gespendet.

sans [sɑ̃]
Je prends le café sans sucre.

ohne
Ich trinke den Kaffee ohne Zucker.

santé (f.) [sɑ̃te]
Elle est en bonne santé.
A votre santé!

Gesundheit
Es geht ihr gesundheitlich gut.
Auf Ihr Wohl!

sauf [sof]
Notre magasin est ouvert tous les jours sauf le lundi.

außer
Unser Geschäft ist täglich außer montags geöffnet.

sauter [sote]
Il a sauté par la fenêtre.

springen
Er ist aus dem Fenster gesprungen.

sauver [sove]
Il lui a sauvé la vie.

retten
Er hat ihm / ihr das Leben gerettet.

savoir [savwaʀ]
Il sait très bien qu'il n'a pas raison.
Vous savez conduire?

wissen, können
Er weiß sehr wohl, dass er Unrecht hat.
Können Sie Auto fahren?

savon (m.) [savõ]
Il n'y a plus de savon dans la salle de bains.

Seife
Im Bad ist keine Seife mehr.

science (f.) [sjɑ̃s]
Ma fille aime bien les sciences naturelles.

Wissenschaft
Meine Tochter mag Naturwissenschaften sehr.

scolaire [skɔlɛʀ]
La rentrée scolaire a lieu en septembre.

Schul-
Die Schule fängt im September wieder an.

se [sə]
Ils se voient souvent.
Cela ne se fait pas!

sich
Sie sehen sich oft.
Das tut man nicht!

sec, sèche [sɛk / sɛʃ]
J'ai la peau sèche.

trocken
Ich habe eine trockene Haut.

second, -e [səgõ / səgõd]
Prenez la seconde rue à droite.

zweiter
Biegen Sie in die zweite Straße rechts ein.

seconde (f.) [səgõd]
Tu viens? – Attends une seconde!

Sekunde
Kommst du? – Warte einen Augenblick!

secours (m.) [səkuʀ]
Où est la roue de secours?
Appelez «Police Secours»!
Au secours!

Hilfe
Wo ist das Reserverad?
Rufen Sie den Polizeinotruf an!
Hilfe!

secrétaire (m. / f.) [səkʀetɛʀ]
Elle est secrétaire.

Sekretär, Sekretärin
Sie ist Sekretärin.

sécurité (f.) [sekyʀite]
Mettez votre ceinture de sécurité!

Sicherheit
Schnallen Sie sich an!

Sécurité Sociale (f.) [sekyʀitesɔsjal]
La Sécurité Sociale est dans une situation difficile.

Sozial- und Krankenversicherung
Die Sozialversicherung ist in einer schwierigen Lage.

séjour (m.) [seʒuʀ]
Vous avez fait un bon séjour en France?

Aufenthalt
Haben Sie eine schöne Zeit in Frankreich verbracht?

sel (m.) [sɛl]
Je crois que j'ai mis trop de sel dans la soupe.

Salz
Ich glaube, ich habe zu viel Salz an die Suppe getan.

semaine (f.) [səmɛn]
Alors, à la semaine prochaine!

Woche
Dann bis nächste Woche!

sens (m.) [sɑ̃s]
Je ne comprends pas le sens de cet article.
Ne tournez pas à droite, c'est un sens interdit!

Sinn, Bedeutung, Richtung
Ich verstehe den Sinn dieses Artikels nicht.

Biegen Sie nicht rechts ab, da ist die Einfahrt verboten!

sentiment (m.) [sɑ̃timɑ̃]
Veuillez croire à l'expression de mes sentiments les meilleurs. [lettre]

Gefühl
Mit freundlichen Grüßen [Brief]

sentir [sɑ̃tiʀ]
Ça sent bon ici.

fühlen, riechen
Es riecht gut hier.

se sentir [səsɑ̃tiʀ]
Aujourd'hui je me sens mieux qu'hier.

sich fühlen
Heute fühle ich mich besser als gestern.

séparation (f.) [sepaʀasjɔ̃]
La séparation a été difficile.

Trennung
Die Trennung war schwierig.

séparer [sepaʀe]
Ils vivent séparés.

trennen
Sie leben getrennt.

se séparer [səsepaʀe]
Ils se sont séparés la semaine dernière.

sich trennen
Sie haben sich letzte Woche getrennt.

sérieusement [seʀjøzmɑ̃]
Il est sérieusement blessé.

ernsthaft
Er ist ernsthaft verletzt.

sérieux, sérieuse [seʀjø / seʀjøz]
Ce journal n'est vraiment pas sérieux.

ernsthaft, seriös
Diese Zeitung ist wirklich nicht seriös.

service (m.) [sɛʀvis]
Je peux vous demander un service?
25 euros, service compris.

Dienst, Gefallen, Bedienung
Kann ich Sie um einen Gefallen bitten?
25 Euro, einschließlich Bedienung.

serviette (f.) [sɛʀvjɛt]
J'ai oublié les serviettes de table.

Serviette
Ich habe die Servietten vergessen.

servir [sɛʀviʀ]
Je peux vous servir?

A quoi sert ce produit?

dienen, bedienen
Kann ich Ihnen etwas geben / einschenken?
Wozu ist dieses Produkt gut?

se servir [səsɛRviR]
Servez-vous!

sich bedienen
Bedienen Sie sich!

seul, -e [sœl]
Je vis toute seule.

allein
Ich lebe ganz allein.

seulement [sœlmɑ̃]
Ils ont un enfant seulement.

nur, allein
Sie haben nur ein Kind.

sexe (m.) [sɛks]
Sexe: F / M

Geschlecht
Geschlecht: w / m

si [si]
Non! – Si!
Si tu es libre, nous irons au cinéma.

C'est si agréable d'être en vacances!

doch, wenn, so
Nein! – Doch!
Wenn du nichts vorhast, gehen wir ins Kino.
Es ist so schön, Urlaub zu haben!

siècle (m.) [sjɛkl]
Nous sommes maintenant au 21ème siècle.

Jahrhundert
Wir leben jetzt im 21. Jahrhundert.

signature (f.) [siɲatyR]
Il a une belle signature.

Unterschrift
Er hat eine schöne Unterschrift.

signe (m.) [siɲ]
Fais-lui signe!

Zeichen
Wink ihm / ihr zu!

signer [siɲe]
Signez au bas de la page, s'il vous plaît!

unterschreiben
Unterschreiben Sie bitte unten auf der Seite!

silence (m.) [silɑ̃s]
Un peu de silence, s'il vous plaît!

Ruhe
Etwas Ruhe, bitte!

simple [sɛ̃pl]
Un aller simple pour Paris, s'il vous plaît!
Ce travail n'est pas simple.

einfach
Einmal Paris einfach, bitte!
Diese Arbeit ist nicht einfach.

sincère [sɛ̃sɛR]
Mes vœux les plus sincères!

aufrichtig
Meine besten Wünsche!

situation (f.) [sitɥasjɔ̃]
Je me trouve dans une situation difficile.

Situation, Lage
Ich bin in einer schwierigen Lage.

situé, -e [sitɥe]
Notre hôtel était très bien situé.

gelegen
Unser Hotel war sehr günstig gelegen.

S.N.C.F. (f.) [ɛsɛnseef]
La S.N.C.F. a augmenté les tarifs.

französische Eisenbahngesellschaft
Die S.N.C.F. hat die Fahrpreise erhöht.

social, -e [sɔsjal]
Ils habitent dans un logement social.
En ce moment, il y a beaucoup de problèmes sociaux.

sozial
Sie wohnen in einer Sozialwohnung.
Es gibt gegenwärtig viele soziale Probleme.

société (f.) [sɔsjete]
Nous vivons dans une société de consommation.

Gesellschaft
Wir leben in einer Konsumgesellschaft.

sœur (f.) [sœʀ]
J'ai deux sœurs et un frère.

Schwester
Ich habe zwei Schwestern und einen Bruder.

soi [swa]
C'est agréable de rentrer chez soi!

sich
Es ist schön, wieder daheim zu sein!

soif (f.) [swaf]
Tu as soif? Tu veux boire quelque chose?

Durst
Hast du Durst? Willst du etwas trinken?

soigner [swaɲe]
Restez au lit et soignez-vous bien!

pflegen
Bleiben Sie im Bett und pflegen Sie sich!

soir (m.) [swaʀ]
Si on allait au cinéma ce soir?

Abend
Wie wärs, wenn wir heute Abend ins Kino gingen?

soirée (f.) [swaʀe]
On passe la soirée ensemble?

Abend
Verbringen wir den Abend zusammen?

soldes (m. pl.) [sɔld]
En ce moment, c'est la période des soldes.

Schlussverkauf
Zur Zeit ist Schlussverkauf.

soleil (m.) [sɔlɛj]
Il y a un beau soleil aujourd'hui.
J'ai pris un coup de soleil.

Sonne
Heute ist schöner Sonnenschein.
Ich habe einen Sonnenbrand bekommen.

solution (f.) [sɔlysjɔ̃]
Il faut trouver une solution à ce problème.

Lösung
Dieses Problem muss gelöst werden.

somme (f.) [sɔm]
500 euros, c'est une somme importante!

Summe
500 Euro, das ist eine ansehnliche Summe!

sonner [sɔne]
On a sonné. Tu peux ouvrir?
Le téléphone sonne. Tu peux répondre?

klingeln
Es hat geklingelt. Kannst du öffnen?
Das Telefon läutet. Kannst du abnehmen?

sorte (f.) [sɔʀt]
Dans un club, on rencontre toutes sortes de gens.

Sorte
In einem Club begegnet man allen möglichen Leuten.

sortie (f.) [sɔʀti]
La sortie est par là!

Ausgang
Der Ausgang ist dort!

sortir [sɔʀtiʀ]
Le client est sorti sans payer.

On sort ce soir?

ausgehen, weggehen
Der Kunde ist weggegangen, ohne zu bezahlen.
Gehen wir heute Abend aus?

ressortir [ʀəsɔʀtiʀ]
Je ne ressortirai plus ce soir.

wieder weggehen
Ich gehe heute Abend nicht noch einmal weg.

souci (m.) [susi]
Ne te fais pas de soucis, tout ira bien!

Sorge
Mach dir keine Sorgen, es wird alles gut!

souhait (m.) [swɛ]
A vos souhaits!

Wunsch
Gesundheit!

souhaiter [swɛte]
Je te souhaite un bon anniversaire!

wünschen
Ich wünsche dir einen schönen Geburtstag!

soupe (f.) [sup]
J'ai préparé une soupe aux légumes.

Suppe
Ich habe eine Gemüsesuppe vorbereitet.

sourire (m.) [suʀiʀ]
Elle a toujours le sourire.

Lächeln
Sie lächelt immer.

souris (f.) [suʀi]
Utilisez la souris, c'est plus pratique!

Maus
Benutzen Sie die Maus, das ist praktischer!

sous [su]
Mes clés sont tombées sous la table.

unter
Meine Schlüssel sind unter den Tisch gefallen.

sous-sol (m.) [susɔl]
Le rayon sports est au sous-sol.

Untergeschoss
Die Sportabteilung ist im Untergeschoss.

souvenir (m.) [suvniʀ]
J'en ai gardé un bon souvenir.

Erinnerung
Ich denke gerne daran zurück.

souvent [suvɑ̃]
Je ne la vois pas très souvent.

oft
Ich sehe sie nicht sehr oft.

spécial, e [spesjal]
Cette semaine, il y a un numéro spécial sur le nucléaire.

besonderer, Sonder-
Diese Woche gibt es ein Sonderheft über die Kernkraft.

spécialement [spesjalmɑ̃]
Il est venu spécialement pour te voir.

besonders
Er ist extra gekommen, um dich zu sehen.

sport (m.) [spɔʀ]
J'aime faire du sport.

Sport
Ich treibe gerne Sport.

sportif, sportive [spɔʀtif / spɔʀtiv]
Il est membre d'un club sportif.

sportlich, Sport-
Er ist Mitglied eines Sportvereins.

stade (m.) [stad]
Il va au stade tous les samedis.

Stadion
Jeden Samstag geht er ins Stadion.

stage (m.) [staʒ]
Je termine d'abord mes études, ensuite je ferai un stage en entreprise.

Praktikum
Ich beende erst mein Studium, dann mache ich ein Praktikum in einem Unternehmen.

station (f.) [stasjõ]
Je descends à la prochaine station.

Station
Ich steige an der nächsten Station aus.

stationnement (m.) [stasjɔnmã]
Stationnement interdit!

Parken
Parken verboten!

station-service (f.) [stasjõsɛʀvis]
On s'arrête à la prochaine station-service pour faire le plein.

Tankstelle
Wir halten an der nächsten Tankstelle und tanken voll.

steak (m.) [stɛk]
Un steak saignant, s'il vous plaît!

Steak
Ein Steak, englisch (gebraten), bitte!

stop (m.) [stɔp]
Tu ne t'es pas arrêté au stop!

Stopp, Stoppschild
Du hast am Stoppschild nicht angehalten!

stylo (m.) [stilo]
Tu peux me prêter ton stylo?

Stift
Kannst du mir deinen Stift leihen?

succès (m.) [syksɛ]
Ce film a eu beaucoup de succès.

Erfolg
Dieser Film hat einen großen Erfolg gehabt.

sucre (m.) [sykʀ]
Je prends le café sans sucre.

Zucker
Ich trinke den Kaffee ohne Zucker.

sud (m.) [syd]
Ils habitent le Sud de la France.

Süden
Sie wohnen in Südfrankreich.

suffisant, -e [syfizã / syfizãt]
Je n'ai pas la somme suffisante.

genügend
Die Summe, die ich habe, reicht nicht.

suite (f.) [sɥit]
Je ne connais pas la suite de l'histoire.

Folge, Fortsetzung
Ich weiß nicht, wie die Geschichte weitergeht.

   tout de suite [tutsɥit]
   J'arrive tout de suite.
   A tout de suite!
   Venez tout de suite!

gleich
Ich komme gleich.
Bis gleich!
Kommen Sie sofort!

suivant, -e [sɥivɑ̃ / sɥivɑ̃t]
Regarde à la page suivante!

folgender
Sieh auf der nächsten Seite nach!

suivre [sɥivʀ]
Suivez le guide!
Il suit des cours de français depuis trois ans.

folgen
Folgen Sie dem Führer!
Er hat seit drei Jahren Französischunterricht.

supérieur, -e [sypeʀjœʀ]
Elle est cadre supérieur.

höherer
Sie ist höhere Angestellte.

supermarché (m.) [sypɛʀmaʀʃe]
Je fais mes achats au supermarché.

Supermarkt
Ich kaufe im Supermarkt ein.

supplément (m.) [syplemɑ̃]
Est-ce que je dois payer un supplément?

Zuschlag
Muss ich einen Zuschlag bezahlen?

supportable [sypɔʀtabl]
Il fait chaud, mais c'est supportable.

erträglich
Es ist heiß, aber es ist erträglich.

insupportable [ɛ̃sypɔʀtabl]
Cet enfant est insupportable.

unerträglich, unausstehlich
Dieses Kind ist unausstehlich.

supporter [sypɔʀte]
Je ne supporte plus cette chaleur!
Je ne peux pas le supporter.

ertragen, aushalten
Diese Hitze halte ich nicht mehr aus!
Ich kann ihn nicht ertragen.

supprimer [sypʀime]
La direction a décidé de supprimer des emplois.

unterdrücken
Die Firmenleitung hat beschlossen, Arbeitsplätze abzubauen.

sur [syʀ]
Mets les verres sur la table, s'il te plaît!

über
Stell die Gläser bitte auf den Tisch!

sûr, -e [syʀ]
Tu es vraiment sûre de ne pas pouvoir venir?

sicher
Bist du ganz sicher, dass du nicht kommen kannst?

bien sûr [bjɛ̃syʀ]
Oui, bien sûr!

natürlich
Ja, natürlich!

sûrement [syʀmɑ̃]
Il arrivera sûrement à l'heure.

sicher
Er kommt bestimmt rechtzeitig.

surprise (f.) [syʀpʀiz]
Quelle bonne surprise!

Überraschung
Was für eine schöne Überraschung!

surtout [syʀtu]
N'oublie surtout pas de m'écrire!

vor allem
Vergiss vor allem nicht, mir zu schreiben!

sympa [sɛ̃pa]
Ce serait sympa!

nett
Das wäre nett!

C'était une soirée assez sympa.
Tes copains sont sympa.

sympathique [sɛ̃patik]
Mon patron est sympathique.

syndicat (m.) [sɛ̃dika]
Les syndicats ont demandé une augmentation des salaires.

syndicat d'initiative (m.) [sɛ̃dikadinisjativ]
Vous trouverez un plan de la ville au syndicat d'initiative.

système (m.) [sistɛm]
Je ne connais rien au système d'exploitation.

Das war ein recht netter Abend.
Deine Freunde sind nett.

sympathisch, nett
Mein Chef ist sympathisch.

Gewerkschaft
Die Gewerkschaften haben eine Lohnerhöhung gefordert.

Verkehrsbüro
Im Verkehrsbüro finden Sie / gibt es einen Stadtplan.

System
Ich verstehe nichts vom Betriebssystem.

T

tabac (m.) [taba]
Où se trouve le bureau de tabac?

table (f.) [tabl]
On a réservé une table pour six personnes.

tableau (m.) [tablo]
Ils ont un beau tableau dans leur salon.

tache (f.) [taʃ]
Il y a une tache sur ce pantalon.

taille (f.) [taj]
C'est une femme de petite taille.
Vous faites quelle taille?
Essayez la taille 40!

se taire [sətɛʀ]
Il raconte tout à tout le monde! Il ne peut vraiment pas se taire!

tant [tɑ̃]
Je voudrais tant qu'il vienne.

tant mieux [tɑ̃mjø]
Il est guéri, tant mieux!

Tabak
Wo ist der Tabakladen?

Tisch
Wir haben einen Tisch für sechs Personen reserviert.

Bild, Tafel
Sie haben ein schönes Bild in ihrem Wohnzimmer.

Fleck
Da ist ein Fleck auf dieser Hose.

Größe
Das ist eine ziemlich kleine Frau.
Welche Größe haben Sie?
Versuchen Sie Größe 40!

schweigen
Er erzählt jedem alles. Er kann einfach nicht schweigen.

so (sehr)
Er möchte so sehr, dass er kommt.

umso besser
Er ist wieder gesund, Gott sei Dank!

tant pis [tɑ̃pi]
Elle ne viendra pas. Tant pis pour elle!

umso schlimmer
Sie kommt nicht. Selber schuld!

tard [taʀ]
Il est tard. Rentrons!

A plus tard!

spät
Es ist spät. Kommt, gehen wir nach Hause!
Bis später!

tarif (m.) [taʀif]
Quel est le tarif étudiant?

Tarif
Welches ist der Studententarif?

tasse (f.) [tas]
J'ai bu cinq tasses de café aujourd'hui.

Tasse
Ich habe heute fünf Tassen Kaffee getrunken.

taxe (f.) [taks]
Les taxes sur les cigarettes ont augmenté.

Steuer
Die Tabaksteuer (bei den Zigaretten) ist gestiegen.

taxi (m.) [taksi]
Vous pouvez m'appeler un taxi?

Taxi
Können Sie mir ein Taxi rufen?

technicien (m.), **-ne** (f.) [tɛknisjɛ̃ / tɛknisjɛn]
Le technicien a réparé la machine.

Techniker, Technikerin

Der Techniker hat die Maschine repariert.

technique (f.) [tɛknik]
Je ne connais rien à la technique.

Technik
Von Technik verstehe ich nichts.

technique [tɛknik]
Adressez-vous au service technique.

technisch
Wenden Sie sich an die technische Betreuung.

télé-enseignement (m.) [teleɑ̃sɛɲəmɑ̃]
Le télé-enseignement, c'est pratique quand on n'habite pas une grande ville.

Fernunterricht
Wenn man nicht in einer Großstadt wohnt, ist der Fernunterricht sehr praktisch.

télé(vision) (f.) [tele(vizjɔ̃)]
Je ne regarde presque jamais la télévision.

Fernsehen
Ich sehe fast nie fern.

téléphone (m.) [telefɔn]
Vous avez une carte de téléphone?

Telefon
Haben Sie eine Telefonkarte?

téléphoner [telefɔne]
Où voulez-vous téléphoner?

telefonieren
Wohin / wo wollen Sie telefonieren?

téléphonique [telefɔnik]
Il y a une cabine téléphonique pas très loin d'ici.

Telefon-
Eine Telefonzelle ist nicht sehr weit von hier.

température (f.) [tɑ̃peRatyR]
La température est assez basse pour la saison.

Temperatur
Die Temperatur ist ziemlich niedrig für die Jahreszeit.

temporaire [tɑ̃pɔRɛR]
Il a trouvé du travail dans une agence de travail temporaire.

Zeit-
Er hat in einem Zeitarbeitsbüro Arbeit gefunden.

temps (m.) [tɑ̃]
Quel temps fait-il ce matin?
Le temps passe si vite!
Ne t'en fais pas, tu auras le temps de terminer ton travail!

Wetter, Zeit
Wie ist das Wetter heute Morgen?
Die Zeit vergeht so schnell!
Mach dir keine Sorgen, du hast genug Zeit, um die Arbeit zu Ende zu bringen.

   mi-temps [mitɑ̃]
   Je cherche un travail à mi-temps.

Teilzeit, Halbzeit
Ich suche eine Halbtagsbeschäftigung.

   plein temps [plɛ̃tɑ̃]
   Elle ne peut pas travailler à plein temps à cause des enfants.

Vollzeit
Sie kann wegen der Kinder nicht voll arbeiten.

tenir [təniR]
Tu peux tenir mon parapluie un instant?
Tiens! Salut, Paul!

halten
Kannst du meinen Schirm einen Moment halten?
Sieh an! Hallo, Paul!

tente (f.) [tɑ̃t]
On cherche une tente pour trois personnes.

Zelt
Wir suchen ein Zelt für drei Personen.

terrain (m.) [tɛRɛ̃]
On va faire construire une maison sur ce terrain.

Grundstück
Auf diesem Grundstück soll ein Haus gebaut werden.

terrasse (f.) [tɛRas]
On prend un café à la terrasse?

Terrasse
Trinken wir einen Kaffee auf der Terrasse?

terre (f.) [tɛR]
La terre tourne autour du soleil.
Il est tombé par terre.

Erde, Boden
Die Erde dreht sich um die Sonne.
Er ist hingefallen.

terrible [tɛRibl]
Il y a eu un terrible accident sur l'autoroute.

schrecklich
Es hat auf der Autobahn einen schrecklichen Unfall gegeben.

test (m.) [tɛst]
Avant de vous inscrire, vous devez passer un test.

Test
Bevor Sie sich einschreiben, müssen Sie einen Test machen.

tête (f.) [tɛt]
J'ai mal à la tête.

Kopf
Ich habe Kopfschmerzen.

texte (m.) [tɛkst]
Lisez d'abord le texte.

Text
Lesen Sie zunächst den Text.

TGV (m.) [teʒeve]
On a pris le TGV pour Marseille.

französischer Hochgeschwindigkeitszug
Wir sind mit dem TGV nach Marseille gefahren.

thé (m.) [te]
Un thé au citron, s'il vous plaît!

Tee
Einen Tee mit Zitrone, bitte!

théâtre (m.) [teatʀ]
On va souvent au théâtre.

Theater
Wir gehen oft ins Theater.

thermomètre (m.) [tɛʀmomɛtʀ]
Je crois qu'elle a de la fièvre. Où est le thermomètre?

Thermometer
Ich glaube, sie hat Fieber. Wo ist das Thermometer?

ticket (m.) [tikɛ]
Avez-vous un ticket de métro, s'il vous plaît?

Ticket
Haben Sie bitte ein Ticket für die Metro?

tiers (m.) [tjɛʀ]
On a déjà fait les deux tiers du travail.

Drittel
Wir haben schon zwei Drittel der Arbeit geschafft.

timbre (m.) [tɛ̃bʀ]
Je vous montre ma collection de timbres?

Briefmarke
Soll ich Ihnen meine Briefmarkensammlung zeigen?

toi, toi-même [twa / twamɛm]
Tu as fait ça toi-même?

du (selbst)
Hast du das selbst gemacht?

toilette (f.) [twalɛt]
Le matin, il lui faut deux heures pour faire sa toilette.

Waschen, Toilette
Er braucht zwei Stunden, bis er mit seiner Morgentoilette fertig ist.

toilettes (f. pl.) [twalɛt]
Où sont les toilettes, s'il vous plaît?

Toiletten
Wo sind die Toiletten, bitte?

toit (m.) [twa]
Il habite sous les toits.

Dach
Er wohnt unter dem Dach.

tomate (f.) [tomat]
Une salade de tomates, s'il vous plaît!

Tomate
Einen Tomatensalat, bitte!

tomber [tõbe]
Il est tombé par terre.
Ma voiture est tombée en panne sur l'autoroute.
Il est tombé malade le jour de son anniversaire.

fallen
Er ist hingefallen.
Mein Wagen hatte auf der Autobahn eine Panne.
An seinem Geburtstag ist er krank geworden.

ton, ta, tes [ta / tõ / te]
As-tu vu tes voisins récemment?

dein, deine
Hast du deine Nachbarn in der letzten Zeit gesehen?

tort (m.) [tɔʀ]
Je pense qu'elle a tort.
Il a eu un accident de voiture et c'est lui qui était en tort.

Unrecht
Ich glaube, sie hat Unrecht.
Er hat einen Autounfall gehabt und schuld war er.

tôt [to]
Je suis rentrée un jour plus tôt.

Mes enfants se lèvent très tôt le matin.

bald, früh
Ich bin einen Tag früher zurückgekommen.
Meine Kinder stehen morgens sehr früh auf.

toucher [tuʃe]
Ne touchez à rien!
J'ai touché un salaire de 50 euros la semaine dernière.
La mort de son père l'a touché.
Le chômage touche surtout les jeunes.

berühren, bekommen, treffen
Fassen Sie nichts an!
Ich habe letzte Woche 50 Euro Lohn bekommen.
Der Tod seines Vaters hat ihn getroffen.
Die Arbeitslosigkeit trifft vor allem die Jugendlichen.

toujours [tuʒuʀ]
Il est toujours en retard.

immer
Er kommt immer zu spät.

tour (f.) [tuʀ]
Vous connaissez la tour Eiffel?

Turm
Kennen Sie den Eiffelturm?

tour (m.) [tuʀ]
On va faire un tour en ville?

Runde, Tour
Fahren / Gehen wir eine Runde durch die Stadt?

tourisme (m.) [tuʀizm]
Je cherche l'Office de tourisme.

Tourismus
Ich suche das Fremdenverkehrsamt.

touriste (m.) [tuʀist]
En été, il y a beaucoup de touristes sur les plages.

Tourist
Im Sommer gibt es viele Touristen am Strand.

tourner [tuʀne]
Tournez à gauche, puis allez tout droit.

drehen
Biegen Sie links ein und gehen Sie dann immer gerade aus.

tout, tous, toute, toutes [tu / tus / tut / tut]
Tout va bien.
Les étudiants ont tous réussi.
Il a plu toute la nuit.
Il s'entend avec tout le monde.
Tu n'as rien oublié? – Non, j'ai tout ce qu'il me faut.
Bon, alors à tout à l'heure!
Je dois partir tout de suite.
A tout de suite!
Allez tout droit!
Je ne suis pas tout à fait de votre avis.

alles, alle

Alles ist in Ordnung.
Die Studenten haben alle bestanden.
Es hat die ganze Nacht geregnet.
Er verträgt sich mit jedem.
Hast du nichts vergessen? – Nein, ich habe alles, was ich brauche.
Gut, also dann bis später!
Ich muss sofort weg.
Bis gleich!
Gehen / Fahren Sie geradeaus!
Ich bin nicht ganz Ihrer Meinung.

tout de suite [tutsɥit]
J'arrive tout de suite.
A tout de suite!
Venez tout de suite!

gleich
Ich komme gleich.
Bis gleich!
Kommen Sie sofort!

tout droit [tudʀwa]
Allez tout droit jusqu'à la place du marché!

geradeaus
Gehen Sie geradeaus bis zum Marktplatz!

tradition (f.) [tʀadisjɔ̃]
Offrir des cadeaux à Noël, c'est une tradition.

Tradition
Es ist eine Tradition, dass man sich zu Weihnachten beschenkt.

traditionnel, -le [tʀadisjɔnel]
Tu connais les danses traditionnelles françaises?

traditionell
Kennst du die traditionellen französischen Tänze?

traducteur (m.), **traductrice** (f.) [tʀadyktœʀ / tʀadyktʀis]
Vous pouvez nous conseiller un bon traducteur?

Übersetzer, Übersetzerin

Können Sie uns einen guten Übersetzer empfehlen?

traduction (f.) [tʀadyksjɔ̃]
On cherche quelqu'un pour faire des traductions de l'anglais en français.

Übersetzung
Man sucht jemanden für Übersetzungen vom Englischen ins Französische.

traduire [tʀadɥiʀ]
Tu peux me traduire ce texte en français?

übersetzen
Kannst du mir diesen Text ins Französische übersetzen?

train (m.) [tʀɛ̃]
J'ai dû changer de train à Lyon.

Zug
Ich musste in Lyon umsteigen.

en train de [ɑ̃tʀɛ̃də]
J'étais en train de travailler quand tu as téléphoné.

im Begriff
Ich war dabei zu arbeiten, als du angerufen hast.

tranche (f.) [tʀɑ̃ʃ]
Quatre tranches de jambon, s'il vous plaît!

Scheibe
Vier Scheiben Schinken, bitte!

tranquille [tʀɑ̃kil]
C'est un quartier tranquille.
Laisse-moi tranquille!

ruhig
Das ist ein ruhiges Viertel.
Lass mich in Ruhe!

transport (m.) [tʀɑ̃spɔʀ]
Les transports en commun sont de plus en plus chers.

Transport
Die öffentlichen Verkehrsmittel werden immer teurer.

transporter [tʀɑ̃spɔʀte]
On a transporté les blessés à l'hôpital.

transportieren, bringen
Man hat die Verletzten ins Krankenhaus gebracht.

travail (m.) [tʀavaj]
Il cherche un travail à mi-temps.

Arbeit
Er sucht eine Halbtagsstelle.

travailler [tʀavaje]
Je travaille 35 heures par semaine.

arbeiten
Ich arbeite 35 Stunden pro Woche.

travailleur (m.) [tʀavajœʀ]
Quel est le nombre des travailleurs immigrés en France?

Arbeiter
Wie viele eingewanderte Arbeiter gibt es in Frankreich?

traverser [tʀavɛʀse]
La poste est de l'autre côté. Il faut traverser la rue.

überqueren
Die Post ist auf der anderen Seite. Wir müssen die Straße überqueren.

très [tʀɛ]
Elle est très belle.

sehr
Sie ist sehr schön.

triste [tʀist]
Tu as l'air triste. Qu'est-ce qu'il y a?
Quel paysage triste!

traurig
Du siehst traurig aus. Was ist los?
Was für eine traurige Landschaft!

se tromper [sətʀõpe]
Je suis désolé, mais vous vous êtes trompé de numéro.

sich irren
Es tut mir Leid, aber Sie haben sich in der Nummer geirrt.

trop [tʀo]
J'ai trop mangé!

zu, zu sehr, zu viel
Ich habe zu viel gegessen!

trou (m.) [tʀu]
Le tron d'ozone.

Loch
Das Ozonloch

trouver [tʀuve]
Elle a trouvé du travail.
Je le trouve assez sympathique.

finden
Sie hat Arbeit gefunden.
Ich finde ihn recht sympathisch.

se trouver [sətʀuve]
La maison se trouve à la sortie du village.

sich befinden
Das Haus befindet sich am Ende des Dorfes.

tu [ty]
Tu as trouvé ce que tu cherchais?

du
Hast du gefunden, was du gesucht hast?

type (m.) [tip]
Vous cherchez quel type de voiture?

Typ
Was für einen Typ von Wagen suchen Sie?

typique [tipik]
C'est un restaurant typique pour la région.

typisch
Das Restaurant ist typisch für die Gegend.

typiquement [tipikmã]
C'est une musique typiquement bretonne.

typisch
Das ist eine typisch bretonische Musik.

union – valoir

U

union (f.) [ynjɔ̃]
La France est membre de l'Union Européenne.

Union
Frankreich ist Mitglied der Europäischen Union.

université (f.) [ynivɛʁsite]
Après mon bac, je suis allé à l'université.

Universität
Nach meinem Abi bin ich an die Universität gegangen.

Université Populaire (f.) [ynivɛʁsitepɔpylɛʁ]
J'ai appris le français à l'Université Populaire.

Volkshochschule

Ich habe Französisch in der Volkshochschule gelernt.

urgent, -e [yʁʒɑ̃ / yʁʒɑ̃t]
Vite, un médecin, c'est urgent!

dringend
Schnell, einen Arzt, es ist dringend!

usine (f.) [yzin]
Il travaille à l'usine.

Fabrik
Er arbeitet in der Fabrik.

utile [ytil]
Le lave-vaisselle, c'est bien utile!

nützlich
So eine Geschirrspülmaschine ist sehr nützlich!

utilisation (f.) [ytilizasjɔ̃]
Lisez d'abord les conseils d'utilisation!

Gebrauch
Lesen Sie zunächst die Benutzungshinweise!

utiliser [ytilize]
Ce produit est facile à utiliser.

gebrauchen, benutzen
Dieses Produkt ist leicht zu benutzen.

V

vacances (f. pl.) [vakɑ̃s]
Reposez-vous bien pendant les vacances!

Ferien, Urlaub
Erholen Sie sich gut im Urlaub!

vaisselle (f.) [vɛsɛl]
Je voudrais un produit pour laver la vaisselle, s'il vous plaît!

Geschirr
Ich möchte bitte ein Geschirrspülmittel!

valise (f.) [valiz]
Est-ce que tu as déjà fait tes valises?

Koffer
Hast du deine Koffer schon gepackt?

vallée (f.) [vale]
Tu as déjà visité la vallée de la Loire?

Tal
Hast du das Loiretal schon besucht?

valoir [valwaʁ]
Cela ne valait pas la peine d'y aller.

lohnen
Das lohnte nicht, dahin zu gehen.

veau (m.) [vo]
Deux côtes de veau, s'il vous plaît!

Kalb
Zwei Kalbskoteletts, bitte!

veille (f.) [vɛj]
Elle a eu un accident la veille de son départ.

Vorabend
Am Abend vor ihrer Abfahrt hat sie einen Unfall gehabt.

vélo (m.) [velo]
On fait un tour en vélo?

Fahrrad
Machen wir eine Radtour?

vendeur (m.), **vendeuse** (f.) [vãdœʀ / vãdøz]
Elle est vendeuse dans un grand magasin.

Verkäufer, Verkäuferin

Sie ist Verkäuferin in einem Kaufhaus.

vendre [vãdʀ]
Les Martin ont vendu leur appartement.

verkaufen
Die Martins haben ihre Wohnung verkauft.

venir [vəniʀ]
Vous venez d'où?
Elle vient juste d'arriver.

kommen
Woher kommen Sie?
Sie ist gerade angekommen.

  revenir [ʀəvəniʀ]
  Quand est-ce que vous reviendrez nous voir?

wieder kommen
Wann kommen Sie wieder zu Besuch?

vent (m.) [vã]
Il y a du vent aujourd'hui.

Wind
Heute ist es windig.

vente (f.) [vãt]
Les ventes de voitures ont diminué le mois dernier.

Verkauf
Die Autoverkäufe sind im letzten Monat zurückgegangen.

vente par correspondance (f.) [vãtpaʀkɔʀɛspõdãs]
La vente par correspondance, c'est pratique quand on habite loin d'une grande ville.

Versandhandel

Der Versandhandel ist praktisch, wenn man weit weg von einer großen Stadt wohnt.

ventre (m.) [vãtʀ]
J'ai un peu mal au ventre.

Bauch
Ich habe ein wenig Bauchschmerzen.

verglas (m.) [vɛʀgla]
Faites attention, il y a du verglas sur les routes!

Glatteis
Passen Sie auf, es gibt Glatteis auf den Straßen!

vérité (f.) [veʀite]
Dites-moi toute la vérité!

Wahrheit
Sagen Sie mir die ganze Wahrheit!

verre (m.) [vɛʀ]
Mettez les bouteilles en verre dans le container!

Glas
Werfen Sie die Glasflaschen in den Container!

Un verre d'eau, s'il vous plaît! / Ein Glas Wasser, bitte!
On va prendre un verre? / Trinken wir ein Glas?

vers [vɛʀ] / gegen
Je passerai vers huit heures. / Ich komme gegen 8 Uhr vorbei.

vert, -e [vɛʀ / vɛʀt] / grün
Il m'a offert une plante verte. / Er hat mir eine Grünpflanze geschenkt.

veste (f.) [vɛst] / Jacke
Je vais mettre une veste chaude. / Ich werde eine warme Jacke anziehen.

vêtement (m.) [vɛtmɑ̃] / Kleidung
Où sont les vêtements pour hommes? / Wo ist die Herrenbekleidung?

veuf, veuve [vœf / vœv] / verwitwet
Elle est veuve depuis cinq ans. / Sie ist seit fünf Jahren verwitwet.

viande (f.) [vjɑ̃d] / Fleisch
La viande est trop cuite. / Das Fleisch ist zu sehr durchgebraten.

vide [vid] / leer
Le frigo est vide. / Der Kühlschrank ist leer.

vidéo (f.) [video] / Video
Ce film vient de paraître en vidéo. / Dieser Film ist gerade als Video erschienen.

vie (f.) [vi] / Leben
Qu'est-ce que vous faites dans la vie? / Was machen Sie beruflich?

vieux, vieil, vieille [vjø / vjɛj / vjɛj] / alt
Il a une vieille voiture. / Er hat einen alten Wagen.

village (m.) [vilaʒ] / Dorf
Ils habitent dans un petit village. / Sie wohnen in einem kleinen Dorf.

ville (f.) [vil] / Stadt
J'habite en plein centre ville. / Ich wohne mitten in der Stadt.

vin (m.) [vɛ̃] / Wein
Vous aimez le vin rouge? / Mögen Sie Rotwein?

virage (m.) [viʀaʒ] / Kurve
Fais attention, c'est un virage dangereux! / Pass auf, das ist eine gefährliche Kurve!

visage (m.) [vizaʒ] / Gesicht
Elle a un visage agréable. / Sie hat ein nettes Gesicht.

visite (f.) [vizit] / Besuch
Je vous remercie de votre visite. / Ich danke Ihnen für Ihren Besuch.

visiter [vizite]
Je n'ai jamais visité cette région.

vite [vit]
Viens vite, on est en retard!

vitesse (f.) [vitɛs]
Il roulait à une vitesse normale.

vitrine (f.) [vitʀin]
A Noël, les vitrines des magasins sont magnifiques.

vivre [vivʀ]
Ils vivent ensemble depuis trois ans.

vœux (m. pl.) [vø]
Je vous présente mes meilleurs vœux de Bonne Année.

voici [vwasi]
Voici les clés de votre chambre.

voilà [vwala]
Voilà votre chambre.

voir [vwaʀ]
Tu as vu le film hier soir à la télé?

Je vois ce que vous voulez dire.

   revoir [ʀəvwaʀ]
   J'espère vous revoir bientôt.

   au revoir [oʀvwaʀ]
   Au revoir et à bientôt!

voisin (m.), **-e** (f.) [vwazɛ̃ / vwazin]
Je vous présente notre voisine, Madame Duval.

voiture (f.) [vwatyʀ]
Nous sommes venus en voiture.

voix (f.) [vwa]
Il a une belle voix.

vol (m.) [vɔl]
Il y a de plus en plus de vols de voitures.

vol (m.) [vɔl]
Vol Paris – Madrid, porte 124.

besuchen
Ich habe diese Gegend nie besucht.

schnell
Komm schnell, wir sind spät dran!

Geschwindigkeit
Er fuhr mit normaler Geschwindigkeit.

Schaufenster
Zu Weihnachten sind die Schaufenster der Geschäfte herrlich anzusehen.

leben
Seit drei Jahren leben sie zusammen.

Wünsche
Ich sende Ihnen meine besten Wünsche zum Neuen Jahr.

hier
Hier sind die Schlüssel für Ihr Zimmer.

hier, da
Hier ist Ihr Zimmer.

sehen
Hast du den Film gestern Abend im Fernsehen gesehen?
Ich sehe / verstehe, was Sie sagen wollen.

wieder sehen
Ich hoffe, Sie bald wieder zu sehen.

auf Wiedersehen
Auf Wiedersehen und bis bald!

Nachbar, Nachbarin
Ich stelle Ihnen unsere Nachbarin, Frau Duval, vor.

Wagen
Wir sind mit dem Wagen gekommen.

Stimme
Er hat eine schöne Stimme.

Diebstahl
Es gibt immer mehr Autodiebstähle.

Flug
Flug Paris – Madrid, Ausgang 124.

voler [vɔle]
Je crois qu'on m'a volé mon sac de voyage.

stehlen
Ich glaube, man hat mir meine Reisetasche gestohlen.

voler [vɔle]
L'avion vole à plus de 10.000 mètres.

fliegen
Das Flugzeug fliegt in mehr als 10 000 Meter Höhe.

volontiers [vɔlõtje]
Je prendrai volontiers un café.

gerne
Ich nehme gerne einen Kaffee.

voter [vɔte]
En France on peut voter à partir de 18 ans.

abstimmen, wählen
In Frankreich kann man ab 18 Jahren wählen.

votre, vos [vɔtʀ / vo]
Est-ce que vous pouvez me prêter votre stylo?

Ihr, euer
Können Sie mir Ihren Stift leihen?

vouloir [vulwaʀ]
Vous voulez dire que j'ai tort?
Voulez-vous des légumes?
Qu'est-ce que ça veut dire?
Je veux bien!
Je lui en veux de n'avoir pas dit la vérité.

wollen
Wollen Sie sagen, dass ich Unrecht habe?
Wollen Sie Gemüse?
Was soll das heißen?
Gerne!
Ich bin ihm böse, dass er nicht die Wahrheit gesagt hat.

vous [vu]
Pourquoi est-ce que vous n'êtes pas partis tous ensemble?

Sie, ihr
Warum sind Sie / seid ihr nicht alle zusammen abgefahren?

voyage (m.) [vwajaʒ]
Nous avons fait un voyage très agréable.
Bon voyage!

Reise
Wir haben eine sehr schöne Reise gemacht.
Gute Reise!

voyager [vwajaʒe]
Je préfère voyager en train, c'est plus confortable.

reisen
Ich fahre lieber mit dem Zug, das ist bequemer.

vrai, -e [vʀɛ]
C'est une histoire vraie.
C'est vrai que vous allez nous quitter?

wahr
Das ist eine wahre Geschichte.
Ist es wahr, dass Sie uns verlassen werden?

vraiment [vʀɛmã]
Vous ne voulez vraiment pas vous asseoir?

wirklich
Wollen Sie sich wirklich nicht setzen?

vue (f.) [vy]
Je voudrais réserver une chambre double avec vue sur la mer.
Je ne partage pas votre point de vue.

Blick, Sicht
Ich möchte ein Doppelzimmer mit Blick auf das Meer reservieren.
Ich teile Ihren Standpunkt nicht.

W

wagon-restaurant (m.) [vagɔ̃ʀɛstoʀɑ̃]
Le wagon-restaurant se trouve au milieu du train.

Speisewagen
Der Speisewagen befindet sich in der Mitte des Zuges.

week-end (m.) [wikɛnd]
Qu'est-ce que vous faites pendant le week-end?

Wochenende
Was machen Sie am Wochenende?

Y

y [i]
J'y suis allé l'année dernière.
L'informatique, je n'y connais rien!
Il y a du beurre dans le frigo.

dort, dorthin
Ich bin letztes Jahr dorthin gefahren.
Von Informatik verstehe ich nichts!
Butter ist im Kühlschrank.

Z

zéro [zeʀo]
La température est tombée en-dessous de zéro.

Null
Die Temperatur ist unter Null gefallen.

zone (f.) [zon]
On ne peut pas passer par ici, c'est une zone piétonnière.

Zone
Hier können wir nicht durchfahren, das ist eine Fußgängerzone.

Länder

Allemagne (f.) [almɑ̃ɲ]	Deutschland
Angleterre (f.) [ɑ̃glətɛʀ]	England
Autriche (f.) [otʀiʃ]	Österreich
Belgique (f.) [bɛlʒik]	Belgien
Canada (m.) [kanada]	Kanada
Danemark (m.) [danmaʀk]	Dänemark
Espagne (f.) [ɛspaɲ]	Spanien
Europe (f.) [øʀɔp]	Europa
Finlande (f.) [fɛ̃lɑ̃d]	Finnland
France (f.) [fʀɑ̃s]	Frankreich
Grèce (f.) [gʀɛs]	Griechenland
Hollande (f.) [ɔlɑ̃d]	Holland
Pays-Bas (m. pl.) [peiba]	Niederlande
Italie (f.) [itali]	Italien
Portugal (m.) [pɔʀtygal]	Portugal
Suède (f.) [sɥɛd]	Schweden
Suisse (f.) [sɥis]	Schweiz

allemand, -e [almɑ̃ / almɑ̃d]	deutsch
anglais, -e [ɑ̃glɛ / ɑ̃glɛz]	englisch
autrichien, -ne [otʀiʃjɛ̃ / otʀiʃjɛn]	österreichisch
belge [bɛlʒ]	belgisch
canadien, -ne [kanadjɛ̃ / kanadjɛn]	kanadisch
danois, -e [danwa / danwaz]	dänisch
espagnol, -e [ɛspaɲɔl]	spanisch
européen, -ne [øʀɔpeɛ̃ / øʀɔpeɛn]	europäisch
finlandais, -e [fɛ̃lɑ̃dɛ / fɛ̃lɑ̃dɛz]	finnisch
français, -e [fʀɑ̃sɛ / fʀɑ̃sɛz]	französisch
grec, grecque [gʀɛk]	griechisch
hollandais, -e [ɔlɑ̃dɛ / ɔlɑ̃dɛz]	holländisch
néerlandais, -e [neɛʀlɑ̃dɛ / neɛʀlɑ̃dɛz]	niederländisch
italien, -ne [italjɛ̃ / italjɛn]	italienisch
portugais, -e [pɔʀtygɛ / pɔʀtygɛz]	portugiesisch

suédois, -e [sɥedwa / sɥedwaz] schwedisch
suisse [sɥis] schweizerisch

Jahreszeiten

printemps (m.) [pʀɛ̃tɑ̃] Frühling
été (m.) [ete] Sommer
automne (m.) [otɔn] Herbst
hiver (m.) [ivɛʀ] Winter

Monate

janvier (m.) [ʒɑ̃vje] Januar
février (m.) [fevʀije] Februar
mars (m.) [maʀs] März
avril (m.) [avʀil] April
mai (m.) [mɛ] Mai
juin (m.) [ʒɥɛ̃] Juni
juillet (m.) [ʒɥijɛ] Juli
août (m.) [ut] August
septembre (m.) [sɛptɑ̃bʀ] September
octobre (m.) [ɔktɔbʀ] Oktober
novembre (m.) [nɔvɑ̃bʀ] November
décembre (m.) [desɑ̃bʀ] Dezember

Wochentage

lundi (m.) [lɛ̃di] Montag
mardi (m.) [maʀdi] Dienstag
mercredi (m.) [mɛʀkʀədi] Mittwoch
jeudi (m.) [ʒødi] Donnerstag
vendredi (m.) [vɑ̃dʀədi] Freitag
samedi (m.) [samdi] Samstag
dimanche (m.) [dimɑ̃ʃ] Sonntag

Zahlen

zéro [zeʀo]	0
un(e) [ɛ̃ / yn]	1
deux [dø]	2
trois [tʀwa]	3
quatre [katʀ]	4
cinq [sɛ̃k]	5
six [sis]	6
sept [sɛt]	7
huit [ɥit]	8
neuf [nœf]	9
dix [dis]	10
onze [õz]	11
douze [duz]	12
treize [tʀɛz]	13
quatorze [katɔʀz]	14
quinze [kɛ̃z]	15
seize [sɛz]	16
dix-sept [disɛt]	17
dix-huit [dizɥit]	18
dix-neuf [diznœf]	19
vingt [vɛ̃]	20
vingt et un(e) [vɛ̃teɛ̃ / vɛ̃teyn]	21
vingt-deux [vɛ̃tdø]	22
trente [tʀɑ̃t]	30
trente et un(e) [tʀɑ̃teɛ̃ / tʀɑ̃teyn]	31
quarante [kaʀɑ̃t]	40
cinquante [sɛ̃kɑ̃t]	50
soixante [swasɑ̃t]	60
soixante-dix [swasɑ̃tdis]	70
quatre-vingt(s) [katʀəvɛ̃]	80
quatre-vingt-dix [katʀəvɛ̃dis]	90
cent [sɑ̃]	100

cent un(e) [sãẽ / sãyn]	101
deux cent(s) [døsã]	200
mille [mil]	1 000
deux mille [dømil]	2 000
un million [ẽmiljõ]	1 000 000

premier, première [pʀəmje / pʀəmjɛʀ]	erste
deuxième [døzjɛm]	zweite
troisième [tʀwazjɛm]	dritte
dizaine (f.) [dizɛn]	etwa zehn
douzaine (f.) [duzɛn]	Dutzend
vingtaine (f.) [vẽtɛn]	etwa zwanzig
soixantaine (f.) [swasãtɛn]	etwa sechzig
centaine (f.) [sãtɛn]	etwa hundert

Lautumschrift

	Französisches Beispiel	*Deutsches Beispiel*
[a]	panne [pan]	wann
[e]	thé [te]	Tee
[ɛ]	sec [sɛk]	keck
[ə]	me [mə]	–
[i]	qui [ki]	Kiel
[o]	eau [o]	wo
[ɔ]	comme [kɔm]	vom
[ø]	cheveu [ʃ(ə)vø]	Bö
[œ]	œuf [œf]	Geschöpf
[u]	coup [ku]	Kuh
[y]	tu [ty]	früh
[ã]	blanc [blã]	–
[ɛ̃]	pain [pɛ̃]	–
[õ]	mon [mõ]	–
[b]	blond [blõ]	blond
[d]	direct [diʀɛkt]	direkt
[f]	fils [fis]	viel
[g]	goût [gu]	gut
[j]	feuille [fœj]	ja
[k]	clé [kle]	Klee
[l]	la [la]	Lampe
[m]	ma [ma]	Mantel
[n]	nez [ne]	Nebel
[p]	papa [papa]	Platz
[ʀ]	rosé [ʀoze]	Rose
[s]	tasse [tas]	Tasse
[t]	trou [tʀu]	Trubel
[v]	vers [vɛʀ]	Werk
[w]	loi [lwa]	Trottoir
[z]	musée [myze]	Museum
[ʒ]	général [ʒeneʀal]	Genie
[ʃ]	chaud [ʃo]	schon
[ɥ]	huit [ɥit]	–
[ɲ]	signe [siɲ]	Kognak
[ŋ]	camping [kãpiŋ]	Sing!
[']	haut ['o]	–

Grammatik im Überblick

Nomen

Nomen werden immer kleingeschrieben, es sei denn, es handelt sich um Eigennamen. Wie im Deutschen richtet sich auch die Form des französischen Nomens nach Numerus (= Zahl) und Genus (= Geschlecht: männlich oder weiblich). Französische Nomen werden – anders als im Deutschen – nicht nach Kasus (= Fall) dekliniert.

GENUS

Das Geschlecht französischer Nomen – also männlich oder weiblich – ist entweder durch das **natürliche Geschlecht** vorgegeben (z. B. bei Personen, Berufen, Nationalitäten, …) oder anhand der Begleiter (*le* bzw. *un* für männliche Nomen, *la* bzw. *une* für weibliche Nomen, siehe auch unter „Artikel") und charakteristischer Endungen (**grammatikalisches Geschlecht**) erkennbar.

Nomen: natürliches Geschlecht

Bildung der weiblichen Form durch Anhängen von *-e* an die männliche Form:

männlich	weiblich
un Allemand (ein Deutscher)	*une Allemande* (eine Deutsche)
un ami (ein Freund)	*une amie* (eine Freundin)

Nomen, die auf *-e* enden, haben meist die gleiche Form für beide Geschlechter:

männlich	weiblich
un touriste (ein Tourist)	*une touriste* (eine Touristin)

Einige besondere Endungen:

männlich	weiblich
l'étran**ger** (der Ausländer)	l'étrang**ère** (die Ausländerin)
le vend**eur** (der Verkäufer)	la vend**euse** (die Verkäuferin)
le direc**teur** (der Leiter)	la direc**trice** (die Leiterin)
le musi**cien** (der Musiker)	la musi**cienne** (die Musikerin)
le spor**tif** (der Sportler)	la spor**tive** (die Sportlerin)
le Gre**c** (der Grieche)	la Grec**que** (die Griechin)

Nomen mit unterschiedlichen Wortstämmen:

le garçon (der Junge)	la fille (das Mädchen)

Nomen: grammatikalisches Geschlecht

Weiblich sind in der Regel die meisten Nomen auf *-e* (z. B. *la terre* – die Erde) sowie Nomen mit den folgenden Endungen (Auswahl):

la sal**ade** (der Salat)	la ch**ance** (das Glück)
la soir**ée** (der Abend)	l'or**eille** (das Ohr)
l'ombr**elle** (der Sonnenschirm)	la diff**érence** (der Unterschied)
la bicycl**ette** (das Fahrrad)	la vitr**ine** (das Schaufenster)
la val**ise** (der Koffer)	la ver**ité** (die Wahrheit)
la solu**tion** (die Lösung)	la voit**ure** (das Auto)

Weiblich sind außerdem Ländernamen auf *-e* (z. B. *la France*) sowie Autonamen (z. B. *la Renault*).

Männlich sind in der Regel die meisten Nomen, die nicht auf *-e* enden (z. B. *le matin* – der Morgen) sowie Nomen mit den folgenden Endungen (Auswahl):

le garage (die Garage)	*le travail* (die Arbeit)
le journal (die Zeitung)	*le gâteau* (der Kuchen)
le soleil (die Sonne)	*l'accident* (der Unfall)
le billet (die Fahrkarte)	*le jeu* (das Spiel)
le magasin (das Geschäft)	*le tourisme* (der Tourismus)
l'appartement (die Wohnung)	*le miroir* (der Spiegel)

Männlich sind außerdem Ländernamen, die nicht auf *-e* enden (z. B. *le Portugal*) sowie alle Jahreszeiten, Monate, Wochentage, Farben und Zahlen.

PLURAL

Im gesprochenen Französisch ist der Plural nur am Begleiter (siehe unter „Artikel") erkennbar, da die Aussprache im Plural meist unverändert bleibt (*le lit* [lə li] – *les lits* [le li]). Der Plural wird gewöhnlich durch Anhängen eines *-s* am Ende des Wortes gebildet.

Singular	Plural
la fleur (die Blume)	*les fleurs* (die Blumen)
le lit (das Bett)	*les lits* (die Betten)

Bei Nomen, die auf *-eau*, *-au*, oder *-eu* enden, lautet die Pluralendung *-x*; die Aussprache des Wortes bleibt unverändert.

Singular	Plural
le manteau (der Mantel)	*les manteaux* (die Mäntel)
le matériau (das Material)	*les matériaux* (die Materialien)
l'adieu (der Abschied)	*les adieux* (die Abschiede)

Die meisten Nomen auf *-al* bilden den Plural auf *-aux*, dadurch ändert sich die Aussprache. Singular: *le cheval* [lə ʃəval] (das Pferd); Plural: *les chevaux* [le ʃəvo] (die Pferde).

Nomen, die auf *-s*, *-z* oder *-x* enden, bleiben in der Pluralform unverändert.

Singular	Plural
l'autobus (der Bus)	*les autobus* (die Busse)
la noix (die Nuss)	*les noix* (die Nüsse)
le nez (die Nase)	*les nez* (die Nasen)

Artikel

BESTIMMTER ARTIKEL

Im Singular ist die männliche Form des bestimmten Artikels *le*, die weibliche Form *la*. Bei Substantiven, die mit Vokal (a, e, i, o, u) oder stummem H beginnen, werden *le* und *la* zu *l'* verkürzt. Im Plural lautet der bestimmte Artikel immer *les*.

	Singular	Plural
männlich	*le pont* (die Brücke)	*les ponts* (die Brücken)
weiblich	*la maison* (das Haus)	*les maisons* (die Häuser)
vor Vokal	*l'apéritif* (der Aperitif)	*les apéritifs* (die Aperitifs)
vor stummem H	*l'homme* (der Mann)	*les hommes* (die Männer)

Eine Entsprechung des deutschen sächlichen Artikels *das* gibt es im Französischen nicht.

UNBESTIMMTER ARTIKEL

Im Singular lautet der männliche unbestimmte Artikel *un*, der weibliche *une*. Der Plural lautet immer *des* (im Deutschen meist unübersetzt).

	Singular	Plural
männlich	*un* pont (eine Brücke)	*des* ponts (Brücken)
weiblich	*une* maison (ein Haus)	*des* maisons (Häuser)

UNBESTIMMTE MENGENANGABEN (TEILUNGSARTIKEL)

Unbestimmte Mengen und nicht zählbare Dinge werden mit *de* + bestimmter Artikel ausgedrückt. Dabei verschmelzen *de* + *le* zu *du* und *de* + *les* zu *des*.

de + la	*Elle achète **de la** viande.*	Sie kauft Fleisch.
de + le = **du**	*Je mange **du** pain.*	Ich esse Brot.
de + l'	*Il boit **de l'**eau.*	Er trinkt Wasser.
de + les = **des**	*Il achète **des** abricots.*	Er kauft Aprikosen.

Bei der Verneinung lautet der Teilungsartikel (in der Bedeutung „kein") immer *de* bzw. *d'* (vor Nomen, die mit einem Vokal oder stummem H beginnen).

*Elle n'achète pas **de** viande.*	Sie kauft kein Fleisch.
*Je ne mange pas **de** pain.*	Ich esse kein Brot.
*Il ne boit pas **d'**eau.*	Er trinkt kein Wasser.
*Il n'achète pas **d'**abricots.*	Er kauft keine Aprikosen.

Adjektiv

Das Adjektiv richtet sich in Geschlecht und Zahl nach dem Nomen, auf das es sich bezieht. Es steht in der Regel nach dem Nomen. Ausnahmen sind einige kurze und häufig gebrauchte Adjektive wie z. B.: *petit* (klein), *grand* (groß), *beau* (schön), *joli* (hübsch), *nouveau* (neu), *jeune* (jung).

Anders als im Deutschen muss man auch in der prädikativen Verwendung (das Haus ist schön) das Adjektiv an das Nomen angleichen (*la maison est **belle***).

Die weibliche Form des Adjektivs wird in der Regel durch das Anhängen von -e gebildet (*grand > grand**e***).

Der regelmäßige Plural wird durch das Anhängen von -s gebildet.

Il est grand.	Er ist groß.
*Elle est grand**e**.*	Sie ist groß.
*Ils sont grand**s**.*	Sie sind groß.
*Elles sont grand**es**.*	Sie sind groß.

Adjektive, die in ihrer männlichen Form bereits auf -e enden, bleiben unverändert: *Il/Elle est riche.* (Er/Sie ist reich.)

Einige unregelmäßige Endungen:

männlich	**weiblich**	
*autrichi**en***	*autrichi**enne***	österreichisch
*b**on***	*b**onne***	gut
*premi**er***	*premi**ère***	erster
*inqui**et***	*inqui**ète***	beunruhigt
*pensi**f***	*pensi**ve***	nachdenklich
*bl**anc***	*bl**anche***	weiß
*heur**eux***	*heur**euse***	glücklich

Adjektive mit Sonderformen:

Grundform männlich	**vor Vokal / stummem H**	**weibliche Form**
*un **beau** spectacle* (ein schöner Anblick)	*un **bel** arbre* (ein schöner Baum)	*une **belle** femme* (eine schöne Frau)
*un **nouveau** livre* (ein neues Buch)	*le **Nouvel** An* (das Neujahr)	*une **nouvelle** voiture* (ein neues Auto)

| un **vieux** CD (eine alte CD) | un **vieil h**omme (ein alter Mann) | une **vieille** dame (eine alte Dame) |

Männliche Adjektive auf -s und -x werden im Plural nicht verändert: des **vieux** arbres (alte Bäume). Die meisten männlichen Adjektive auf -al (nation**al**) enden im Plural auf -aux (nation**aux**), Adjektive auf -eau (beau) enden im Plural auf -eaux (b**eaux**).

Adverb

Das Adverb bestimmt Verben, Adjektive, andere Adverbien oder ganze Sätze näher. Anders als im Deutschen unterscheiden sich die Formen der Adverbien im Französischen von den Formen der Adjektive.

Die Formen des Adverbs leitet man vom Adjektiv ab, indem man die Endung -ment an die weibliche Form des Adjektivs anhängt. Bei männlichen Adjektiven, die auf einen Vokal enden, wird -ment direkt angeschlossen. Die Adverbendung der Adjektive auf -ent und -ant lautet -emment bzw. -amment.

sûr	sûre**ment**	Il est sûrement malade.	Er ist sicher krank.
long	longue**ment**	Elle me regarde longuement.	Sie sieht mich lange an.
vrai	vrai**ment**	C'est vraiment gentil de ta part.	Das ist wirklich nett von dir.
poli	poli**ment**	Il m'a salué poliment.	Er hat mich höflich gegrüßt.
évident	évid**emment**	Il s'est évidemment trompé.	Er hat sich offensichtlich geirrt.
courant	cour**amment**	Elle parle couramment le français.	Sie spricht fließend Französisch.

Die Adverbien zu *bon* (gut) und *mauvais* (schlecht) werden unregelmäßig gebildet:

| bon | **bien** | *un livre bien écrit* | ein gut geschriebenes Buch |
| *mauvais* | **mal** | *un enfant mal élevé* | ein schlecht erzogenes Kind |

Viele Adverbien werden nicht von einem Adjektiv abgeleitet, sondern haben eine eigene Form. Diese Adverbien lassen sich in Adverbien der Zeit, des Ortes und der Menge einteilen.

Beispiele für **Adverbien der Zeit**:

puis (dann)	*demain* (morgen)
après (danach)	*souvent* (oft)
enfin (schließlich)	*quelquefois* (manchmal)
hier (gestern)	*toujours* (immer)
aujourd'hui (heute)	*jamais* (niemals)

Beispiele für **Adverbien des Ortes**:

| *ici* (hier) | *là-bas* (dort) |
| *partout* (überall) | *loin* (weit weg) |

Beispiele für **Adverbien der Menge**:

assez (genug)	*très* (sehr)
beaucoup (de) (sehr / sehr viel)	*trop (de)* (zu / zu viel)
un peu (de) (ein bisschen)	*autant* (gleich viel)

Auf Adverbien, die eine Menge präzisieren, folgt immer *de*.

Steigerung und Vergleich

GLEICHHEIT

Gleiche Eigenschaften von Personen oder Dingen vergleicht man mithilfe von *aussi ... que* und *autant (de) ... que* – auf Deutsch: (genau)so (viel) wie.

aussi + Adjektiv + *que*:

*Paul est **aussi** fort **que** Gabriel.*	Paul ist (genau)so stark wie Gabriel.

aussi + Adverb + *que*:

*Ton père roule **aussi** vite **que** toi.*	Dein Vater fährt genauso schnell wie du.

autant de + Nomen + *que*:

*J'ai **autant de** chance **que** toi.*	Ich habe (genau)so viel Glück wie du.

Verb + *autant que*:

*Ton fils mange **autant qu'**un adulte.*	Dein Sohn isst (genau)so viel wie ein Erwachsener.

UNGLEICHHEIT

Unterschiedliche Eigenschaften vergleicht man mit dem Komparativ (erste Steigerungsstufe).

Der Komparativ wird gebildet mit *plus (de) ... que* bzw. *moins (de) ... que* oder *plus que* bzw. *moins que*.

plus/moins + Adjektiv + *que*:

*Christina est **plus** grande **que** Marta.*	Christina ist größer als Marta.
*Ce film est **moins** drôle **que** l'autre.*	Dieser Film ist weniger lustig als der andere.

plus/moins + Adverb + *que*:

*Je suis arrivé **plus** tôt **que** toi.*	Ich bin früher als du angekommen.
*Le père court **moins** vite **que** son fils.*	Der Vater rennt nicht so schnell wie sein Sohn.

plus/moins de + Nomen + *que*:

*Il gagne **plus d'**argent **que** moi.*	Er verdient mehr Geld als ich.
*Aujourd'hui, nous avons **moins de** temps **qu'**hier.*	Heute haben wir weniger Zeit als gestern.

plus/moins que + Verb:

*Ton amie parle **plus que** toi.*	Deine Freundin spricht mehr als du.
*Il boit **moins que** toi.*	Er trinkt weniger als du.

Superlativ (höchste Steigerungsform)

Im Französischen unterscheidet man zwischen dem relativen und dem absoluten Superlativ. Der **relative Superlativ** setzt einen Vergleich voraus und wird mithilfe des bestimmten Artikels + *plus/moins* + Adjektiv/Adverb gebildet.

le/la plus/moins + Adjektiv:

*Gabriel est **le plus** gentil.*	Gabriel ist der Netteste.
*Elise est **la plus** intelligente.*	Elise ist die Klügste.
*Paul est **le moins** sympathique.*	Paul ist am wenigsten sympathisch.
*Sarah est **la moins** drôle.*	Sarah ist am wenigsten lustig.

le/la plus/moins + Adverb:

*Celui qui court **le plus** lentement, c'est grand-père.*	Der(jenige), der am langsamsten läuft, ist der Großvater.
*Anne travaille **le moins** possible.*	Anne arbeitet so wenig wie möglich.

Dem Superlativ folgt in der Regel die Präposition *de*: *Paul est le moins sympathique de tous*. (Paul ist der Unsympathischste von allen).

Der **absolute Superlativ** drückt einen sehr hohen Grad einer Eigenschaft aus und wird mithilfe des Adverbs *très* (sehr) gebildet: *une très belle ville* (eine sehr schöne Stadt).

WICHTIGE UNREGELMÄSSIGE STEIGERUNGSFORMEN

Bei Adjektiven:

Grundform	Komparativ	Superlativ
bon (gut)	*meilleur* (besser)	*le meilleure* (am besten, der Beste)
mauvais (schlecht)	*pire* (schlechter)	*le pire* (am schlechtesten, der Schlechteste)

Bei Adverbien:

Grundform	Komparativ	Superlativ
bien (gut)	*mieux* (besser)	*le mieux* (am besten)
mal (schlecht)	*pire* (schlechter)	*le pire* (am schlechtesten)
beaucoup (viel)	*plus* (mehr)	*le plus* (am meisten)
peu (wenig)	*moins* (weniger)	*le moins* (am wenigsten)

Pronomen und Begleiter

PERSONALPRONOMEN

Subjektpronomen sind Personalpronomen im Wer-Fall. Objektpronomen sind Personalpronomen im Wen-Fall (direkte Objektpronomen) oder Wem-Fall (indirekte Objektpronomen). Neben diesen mit einem Verb verbundenen Formen der Personalpronomen, gibt es im Französischen auch sogenannte unverbundene, d. h. allein stehende, Personalpronomen.

Verbundene Personalpronomen

– Subjektpronomen: Nominativ (wer?)

je	ich
tu	du
il / elle	er / sie / es
on	man
nous	wir
vous	ihr / Sie
ils / elles	sie

On bedeutet „man" und wird vor allem im gesprochenen Französisch in der Bedeutung von *nous* (wir) gebraucht: *Ce soir, nous allons/on va au cinema.* (Heute Abend gehen wir ins Kino.)

Für die höfliche Anrede wird *vous* (Sie) verwendet.

Ils wird für männliche oder gemischte Gruppen verwendet, *elles* ausschließlich für weibliche Gruppen.

– direkte Objektpronomen: Akkusativ (wen / was?)

me	mich
te	dich
le / la	ihn / sie
nous	uns
vous	euch / Sie
les	sie

– indirekte Objektpronomen: Dativ (wem?)

me	mir
te	dir
lui	ihm, ihr

nous	uns
vous	euch / Ihnen
leur	ihnen

Vor Verben, die mit einem Vokal oder einem stummen H beginnen, werden *je, me, te, le* und *la* zu *j', m', t',* und *l'*.

Unverbundene Personalpronomen

Die unverbundenen Personalpronomen können ohne Verb verwendet werden und eine Subjekt- oder Objektfunktion haben: *Je prends un café. Et **toi** ?* (Ich nehme einen Kaffee. Und du?)

moi	ich, mich, mir
toi	du, dich, dir
lui	er, ihn, ihm
elle	sie, sie, ihr
nous	wir, uns, uns
vous	ihr / Sie, euch / Sie, euch / Ihnen
eux	männlich: sie, sie, ihnen
elles	weiblich: sie, sie, ihnen

Die unverbundenen Personalpronomen stehen auch oft:

– nach Präpositionen:

*Nous sommes derrière **toi**.*	Wir sind hinter dir.
*Ils vont chez **moi**.*	Sie gehen zu mir.
*Je mange avec **lui**.*	Ich esse mit ihm.
*Nous sommes près d'**elle**.*	Wir sind bei ihr.
*Vous travaillez sans **lui**.*	Ihr arbeitet ohne ihn.

– in Ausdrücken mit *c'est/ce sont*:

*C'est **moi**.*	Ich bin es.

– bei Vergleichen:

*Paul est plus grand que **moi**.*	Paul ist größer als ich.

– bei Betonungen des Subjekts:

***Moi**, je m'appelle Elise. Et **lui**, il s'appelle Gabriel.*	Ich heiße Elise. Und er heißt Gabriel.

En UND *y* (ADVERBIALPRONOMEN)

En kann eine Ortsangabe mit *de*, durch *de* eingeleitete indirekte Objekte oder Ergänzungen (nur Sachen und Begriffe) mit dem Teilungsartikel bzw. unbestimmten Artikel vertreten.

– *de* + Ortsbestimmung:

*Tu reviens **de France**? – Oui, j'**en** reviens.*	Kommst du aus Frankreich zurück? - Ja, **von da** komme ich zurück.

– *de* + indirektes Objekt:

*Il parle souvent **de son jardin**. Il **en** parle souvent.*	Er spricht oft von seinem Garten. Er spricht oft **davon**.

– Teilungsartikel:

*Tu veux **des pommes**? – Oui, j'**en** veux deux.*	Willst du Äpfel? – Ja, ich will zwei **davon**.

– unbestimmer Artikel:

*Vous avez **un chat**? – Nous **en** avons deux.*	Habt ihr eine Katze? – Wir haben zwei (**davon**).

Y kann eine durch die Präpositionen *à, dans, en, sur* eingeleitete Ortsangabe oder ein durch *à* eingeleitetes indirektes Objekt (nur Sachen oder Begriffe) vertreten.

– *à* + Ortsbestimmung:

*Tu vas **au supermarché**? – Oui, j'**y** vais.*	Gehst du zum Supermarkt? – Ja, **dort** gehe ich hin.

– *à* + indirektes Objekt:

*Tu penses souvent **à tes dernières vacances** ? – Oui, j'y pense souvent.*	Denkst du oft an deinen letzten Urlaub? – Ja, ich denke oft **daran**.

DEMONSTRATIVBEGLEITER- UND PRONOMEN

Ce (*cet*), *cette*, *ces* (dieser, -e, -es) sind **Demonstrativbegleiter**. Sie haben eine hinweisende Funktion und begleiten das Nomen, wobei sie sich in Genus und Numerus nach diesem richten.

	männlich	weiblich
Singular	*ce châlet* (diese Hütte)	*cette maison* (dieses Haus)
Plural	*ces châlets* (diese Hütten)	*ces maisons* (diese Häuser)

Ce wird vor Vokal oder stummem H zu *cet*: *cet appartement* (dieses Apartement), *cet hôtel* (dieses Hotel).

Die Demonstrativbegleiter können durch die Adverbien *-ci* (hier) und *-là* (da, dort) verstärkt werden: *Prends plutôt cette jupe-là.* (Nimm lieber diesen Rock da.)

Demonstrativpronomen stehen ohne Nomen, denn sie ersetzen dieses. Sie richten sich in Genus und Numerus nach dem Nomen, das sie ersetzen. Wie bei den Demonstrativbegleitern gibt es auch hier einfache und verstärkte Formen.

Einfache Demonstrativpronomen:

	Singular	Plural
männlich	*celui* (dieser, -e, -es)	*ceux* (diese)
weiblich	*celle* (dieser, -e, -es)	*celles* (diese)

Die neutrale Form des einfachen Demonstrativpronomens lautet *ce* (dies, das).

Diese einfachen Formen der Demonstrativpronomen erfordern immer eine Ergänzung: *Vous voulez prendre le train de six heures* ou **celui** de dix heures ? (Wollen Sie den Zug um sechs Uhr oder **den** um 10 Uhr nehmen?)

Verstärkte Demonstrativpronomen:

	Singular	Plural
männlich	celui-ci (dieser, -e, -es hier)	ceux-ci (diese hier)
	celui-là (dieser, -e, -es da)	ceux-là (diese da)
weiblich	celle-ci (dieser, -e, -es hier)	celles-ci (diese hier)
	celle-là (dieser, -e, -es da)	celles-là (diese da)

Die neutralen Formen des verstärkten Demonstrativpronomens lauten ceci, cela, ça (dies, das).

Die Formen auf -ci und -là sind oft austauschbar. Im gesprochenen Französisch wird meist -là bevorzugt. Die verstärkten Formen können ohne Ergänzung verwendet werden:

Quelle carte postale prends-tu ? – **Celle-ci.**	Welche Postkarte nimmst du? – **Diese hier**.

Bei Gegenüberstellungen weist -ci auf nähere, -là dagegen auf entferntere Dinge hin.

Quel chapeau achètes-tu ? **Celui-ci ou celui-là?**	Welchen Hut kaufst Du? **Diesen hier** oder **jenen da**.

POSSESSIVBEGLEITER UND -PRONOMEN

Die Formen der **Possessivbegleiter** sind abhängig von Geschlecht und Zahl des Nomens (Besitzobjekt). Im Plural gibt es nur eine Form. Anders als im Deutschen wird das Geschlecht des Besitzers nicht definiert (man unterscheidet also z. B. nicht zwischen „sein Auto – ihr Auto").

Singular männlich:

mon	ton	son	notre	votre	leur	**père**
mein	dein	sein / ihr	unser	euer / Ihr	ihr	**Vater**

Singular weiblich:

ma	ta	sa	notre	votre	leur	**mère**
meine	deine	seine / ihre	unsere	eure / Ihre	ihre	**Mutter**

Plural:

mes	tes	ses	nos	vos	leurs	**parents**
meine	deine	seine / ihre	unsere	eure / Ihre	ihre	**Eltern**

Die Formen *mon, ton, son* stehen auch vor einem weiblichen Nomen, das mit einem Vokal oder einem stummen H beginnt: *mon amie* (meine Freundin).

Die **Possessivpronomen** ersetzen ein Substantiv mit Possessivbegleiter, das zuvor erwähnt worden ist. Sie werden immer zusammen mit dem bestimmten Artikel benutzt:

Singular:

männlich	**weiblich**	
le mien	*la mienne*	meiner – meine
le tien	*la tienne*	deiner – deine
le sien	*la sienne*	seiner / ihrer – seine / ihre
le nôtre	*la nôtre*	unserer – unsere
le vôtre	*la vôtre*	eurer / Ihrer – eure / Ihre
le leur	*la leur*	ihrer – ihre

Plural:

männlich	weiblich	
les miens	*les miennes*	meine
les tiens	*les tiennes*	deine
les siens	*les siennes*	seine / ihre
les nôtres	*les nôtres*	unsere
les vôtres	*les vôtres*	eure / Ihre
les leurs	*les leurs*	ihre

Beispiel: *C'est ta voiture ? – Oui, c'est **la mienne**.* (Ist das dein Auto? – Ja, das ist *meins*.)

Quel (FRAGEBEGLEITER)

Quel (welcher, -e, -s) richtet sich in Geschlecht und Zahl nach dem Substantiv, auf das es sich bezieht.

Singular männlich	***Quel*** *sport faites-vous ?*	Welchen Sport machen Sie?
Singular weiblich	***Quelle*** *couleur préférez-vous ?*	Welche Farbe bevorzugen Sie?
Plural männlich	***Quels*** *sports faites-vous ?*	Welchen Sport machen Sie?
Plural weiblich	***Quelles*** *couleurs préférez-vous ?*	Welche Farben bevorzugen Sie?

Verb

REGELMÄSSIGE UND UNREGELMÄSSIGE VERBEN IN DER GEGENWART

Die französischen Verben werden entsprechend ihrer Infinitivendung eingeteilt in Verben auf *-er*, *-ir* und *-dre*. An den Wortstamm der Verben werden dann die jeweiligen Endungen angehängt.

Verben auf -er

sauter	(springen)	
je	saut**e**	ich springe
tu	saut**es**	du springst
il, elle	saut**e**	er, sie springt
on	saut**e**	man springt / wir springen
nous	saut**ons**	wir springen
vous	saut**ez**	ihr springt / Sie springen
ils, elles	saut**ent**	sie springen

Einige wichtige **Unregelmäßigkeiten** der Verben auf -er:

– Verben auf -cer: Zur Beibehaltung der Aussprache wird c vor a, o und u zu ç.

lancer (werfen)	je lance [ʒə lɑ̃s]	nous lançons [nu lɑ̃sõ]

– Verben auf -ger: Zur Beibehaltung der Aussprache wird nach dem g ein zusätzliches -e- eingefügt, wenn ein -a oder -o folgen.

manger (essen)	je mange [ʒə mɑ̃ʒ]	nous mangeons [nu mɑ̃ʒõ]

– Verben mit unterschiedlichen Stämmen: Diese Verben haben im Präsens je nach Person endungsbetonte (hörbare Endung = Grundform, 1. (nous) und 2. (vous) Person Plural) oder stammbetonte (nicht hörbare Endung = 1. (je), 2. (tu), 3. (il, elle, on) Person Singular und 3. (ils, elles) Person Plural) Formen. Beispiele:

endungsbetont		stammbetont
acheter [aʃte] (kaufen)	nous achetons [nuzaʃtõ]	j'achète [ʒaʃɛt]
préférer [pʀefeʀe] (bevorzugen)	vous préférez [vu pʀefeʀe]	il préfère [il pʀefɛʀ]
jeter [ʒəte] (wegwerfen)	nous jetons [nu ʒətõ]	je jette [ʒə ʒɛt]
appeler [aple] (rufen)	vous appelez [vuzaple]	tu appelles [ty apɛl]

Verben auf -ir

Die Verben auf -ir unterteilen sich in Verben mit Stammerweiterung (-iss-) im Plural (vgl. finir) und ohne Stammerweiterung im Plural (vgl. dormir). Bei den Verben ohne Stammerweiterung im Plural, verliert der Stamm im Singular zusätzlich den Endkonsonanten.

finir **(beenden)**

je	finis	ich beende
tu	finis	du beendest
il, elle	finit	er, sie beendet
on	finit	man beendet / wir beenden
nous	finissons	wir beenden
vous	finissez	ihr beendet / Sie beenden
ils, elles	finissent	sie beenden

dormir (**schlafen**)		
je	dor**s**	ich schlafe
tu	dor**s**	du schläfst
il, elle	dor**t**	er, sie schläft
on	dor**t**	man schläft / wir schlafen
nous	dorm**ons**	wir schlafen
vous	dorm**ez**	ihr schlaft / Sie schlafen
ils, elles	dorm**ent**	sie schlafen

Es gibt nur wenige Verben, die wie *dormir* konjugiert werden: *mentir* (lügen), *partir* (abfahren), *sentir* (spüren), *servir* (dienen), *sortir* (hinausgehen).

Verben auf *-dre*

vendre (**verkaufen**)		
je	vend**s**	ich verkaufe
tu	vend**s**	du verkaufst
il, elle	vend	er, sie verkauft
on	vend	man verkauft / wir verkaufen
nous	vend**ons**	wir verkaufen
vous	vend**ez**	ihr verkauft / Sie verkaufen
ils, elles	vend**ent**	sie verkaufen

Die Verben *être* (sein) und *avoir* (haben) sind unregelmäßig:

être		*avoir*	
je	suis	*j'*	ai
tu	es	*tu*	as
il, elle, on	est	*il, elle, on*	a
nous	sommes	*nous*	avons
vous	êtes	*vous*	avez
ils, elles	sont	*ils, elles*	ont

Weitere wichtige unregelmäßige Verben sind: *aller* (gehen, fahren), *boire* (trinken), *connaître* (kennen), *dire* (sagen), *faire* (machen), *mettre* (setzen, stellen, legen), *venir* (kommen) und *voir* (sehen).

	aller	boire	connaître	dire
je	vais	bois	connais	dis
tu	vas	bois	connais	dis
il, elle, on	va	boit	connait	dit
nous	allons	buvons	connaissons	disons
vous	allez	buvez	connaissez	dites
ils, elles	vont	boivent	connaissent	disent

	faire	mettre	venir	voir
je	fais	mets	viens	vois
tu	fais	mets	viens	vois
il, elle, on	fait	met	vient	voit
nous	faisons	mettons	venons	voyons
vous	faites	mettez	venez	voyez
ils, elles	font	mettent	viennent	voient

Reflexive Verben

Reflexive Verben drücken eine Handlung aus, die sich auf die handelnde Person selbst bezieht (ich wasche mich). Reflexive Verben bestehen aus Reflexivpronomen und Verbform.

se laver	**sich waschen**
*je **me** lave*	ich wasche mich
*tu **te** laves*	du wäschst dich
*il, elle **se** lave*	er, sie wäscht sich
*on **se** lave*	man wäscht sich / wir waschen uns
*nous **nous** lavons*	wir waschen uns
*vous **vous** lavez*	ihr wascht euch / Sie waschen sich
*il, elles **se** lavent*	sie waschen sich

Das Reflexivpronomen steht vor dem konjugierten Verb. Bei Verneinungen umgibt *ne ... pas* das Reflexivpronomen und das Verb: *tu **ne** te lave **pas*** (du wäschst dich nicht).

Modalverben

Die Modalverben (Verben der Art und Weise) *devoir* (müssen, sollen), *pouvoir* (können, dürfen), *savoir* (wissen, können) und *vouloir* (wollen) haben unregelmäßige Formen.

	devoir	*pouvoir*	*savoir*	*vouloir*
je	dois	peux	sais	veux
tu	dois	peux	sais	veux
il, elle, on	doit	peut	sait	veut
nous	devons	pouvons	savons	voulons
vous	devez	pouvez	savez	voulez
ils, elles	doivent	peuvent	savent	veulent

Als Modalverben gebraucht werden *devoir, pouvoir, savoir* und *vouloir* von einem Verb im Infinitiv (Grundform) begleitet.

| *Je dois travailler.* | Ich muss arbeiten. |
| *Il sait nager.* | Er kann schwimmen. |

Perfekt

Das *passé composé* ist eine zusammengesetzte Vergangenheitsform, die formal dem deutschen Perfekt entspricht. Es beschreibt Handlungen und Ereignisse, die einmal stattgefunden haben und bereits abgeschlossen sind.

Man bildet das *passé composé*, indem man - wie im Deutschen - die jeweilige Präsensform der Hilfsverben *avoir* (haben) oder *être* (sein) mit dem Partizip Perfekt des gewünschten Verbs kombiniert. Das Partizip Perfekt wird in der Regel gebildet, indem man an den Verbstamm

– die Endung *-é* (für Verben auf *-er*, z. B. *manger*) anhängt.

| mang**é** | *J'ai mang**é**.* | **Ich habe gegessen.** |

– die Endung *-i* (für Verben auf *-ir*, z. B. *finir*) anhängt.

| fin**i** | *J'ai **fini** de travailler.* | **Ich habe aufgehört** zu arbeiten. |

– die Endung *-u* (für Verben auf *-dre*, z. B. *attendre*) anhängt.

| attend**u** | *J'ai **attendu** longtemps chez le dentiste.* | **Ich habe** beim Zahnarzt lange **gewartet**. |

donner **(geben)**		*partir* **(abfahren)**	
j'ai	*donn**é***	*je suis*	*part**i(e)***
tu as	*donn**é***	*tu es*	*part**i(e)***
il, elle, on a	*donn**é***	*il, elle, on est*	*part**i(e)***
nous avons	*donn**é***	*nous sommes*	*part**i(e)s***
vous avez	*donn**é***	*vous êtes*	*part**i(e)s***
ils, elles ont	*donn**é***	*ils, elles sont*	*part**i(e)s***

Beachten Sie, dass bei Formen des *passé composé*, die mit dem Hilfsverb *être* gebildet werden, das Partizip Perfekt an die jeweilige Person (männlich oder weiblich, Singular oder Plural) angeglichen werden muss. Die weibliche Form erhält im Singular ein zusätzliches *-e*. Im Plural erhält die männliche Form ein *-s* und die weibliche Form *-es*.

Das *passé composé* mit *être* bilden die meisten Verben, die eine Bewegungsrichtung (z. B. *aller* – gehen, *arriver* – ankommen, *venir* – kommen) oder ein Verweilen (*rester* – bleiben) ausdrücken sowie alle reflexiven Verben. Außerdem die Verben *devenir* (werden), *naître* (geboren werden) und *mourir* (sterben).

Einige wichtige Verben bilden das Partizip Perfekt unregelmäßig:

avoir (haben)	*j'ai* **eu**	*mettre* (legen)	*j'ai* **mis**
boire (trinken)	*j'ai* **bu**	*ouvrir* (öffnen)	*j'ai* **ouvert**
être (sein)	*j'ai* **été**	*prendre* (nehmen)	*j'ai* **pris**
faire (machen)	*j'ai* **fait**	*venir* (kommen)	*je suis* **venu(e)**
lire (lesen)	*j'ai* **lu**	*voir* (sehen)	*j'ai* **vu**

Unmittelbare Vergangenheit

Mit dem Ausdruck *venir de* + Infinitiv wird eine Handlung ausgedrückt, die kurz zuvor abgeschlossen wurde (unmittelbare Vergangenheit).

*Je **viens de prendre** un billet pour Paris.*	Ich habe gerade ein Ticket nach Paris gekauft.

Imperfekt

Das Imperfekt wird verwendet zur Beschreibung von Personen, Dingen oder Zuständen in der Vergangenheit und bei sich wiederholenden Handlungen und Gewohnheiten in der Vergangenheit.

*Il **faisait** très beau.*	Das Wetter war sehr schön.
*Elle **allait** au restaurant trois fois par semaine.*	Sie ging dreimal pro Woche ins Restaurant.

Die Formen des Imperfekts leiten sich für alle Verben (außer *être*) vom Verbstamm der 1. Person Plural Präsens (wir) ab. An diesen Stamm werden die Endungen des Imperfekts angehängt. Beispiel: *aimer* (lieben, mögen) > *nous **aim**ons* (wir lieben, wir mögen) > Verbstamm: *aim* + Endung Imperfekt.

Lediglich *être* stellt eine Ausnahme dar, denn der Stamm für die Bildung des Imperfekts lautet **ét-**:

*j'aim**ais***	ich liebte	*j'ét**ais***	ich war
*tu aim**ais***	du liebtest	*tu ét**ais***	du warst
*il, elle aim**ait***	er, sie liebte	*il, elle ét**ait***	er, sie war
*on aim**ait***	man liebte / wir liebten	*on ét**ait***	man war / wir waren
*nous aim**ions***	wir liebten	*nous ét**ions***	wir waren
*vous aim**iez***	ihr liebtet / Sie liebten	*vous ét**iez***	ihr wart / Sie waren
*ils, elles aim**aient***	sie liebten	*ils, elles ét**aient***	sie waren

ZUKUNFT

Man verwendet das Futur, um Zukünftiges zu beschreiben.

Il neigera *demain sur le massif central.*	**Es wird** morgen auf dem Zentralmassiv **schneien**.

Um das Futur zu bilden, hängt man an den Infinitiv die Futurendungen an. Verben auf *-dre* verlieren dabei das *-e*.

	sauter (springen)	*finir* (beenden)	*vendre* (verkaufen)	
je	*sauter**ai***	*finir**ai***	*vendr**ai***	ich werde ...
tu	*sauter**as***	*finir**as***	*vendr**as***	du wirst ...
il, elle	*sauter**a***	*finir**a***	*vendr**a***	er, sie wird ...

on	sauter**a**	finir**a**	vendr**a**	man wird ... / wir werden ...
nous	sauter**ons**	finir**ons**	vendr**ons**	wir werden ...
vous	sauter**ez**	finir**ez**	vendr**ez**	ihr werdet ... / Sie werden ...
ils, elles	sauter**ont**	finir**ont**	vendr**ont**	sie werden ...

Eine Reihe von Verben erhält im Futur einen neuen Verbstamm. An diesen neuen Wortstamm werden die regelmäßigen Futur-Endungen (**-ai**, **-as**, **-a**, **-ons**, **-ez**, **-ont**) angehängt.

Zu diesen Verben mit neuem Verbstamm gehören unter anderem:

aller	gehen	**ir-**	avoir	haben	**aur-**
devoir	müssen, sollen	**devr-**	être	sein	**ser-**
faire	machen	**fer-**	pouvoir	können	**pourr-**
savoir	wissen	**saur-**	venir	kommen	**viendr-**

Unmittelbar bevorstehende zukünftige Handlungen kann man auch mit *aller* (gehen) + Grundform (Infinitiv) des Verbes ausdrücken. Das Verb *aller* wird dabei in der Gegenwart konjugiert (Formen siehe unter unregelmäßige Verben in der Gegenwart).

*Je **vais appeler** mon ami.*	Ich werde meinen Freund anrufen.

Konditional

Zum Ausdruck eines Wunsches oder einer Bitte verwendet man im Französischen den Konditional.

Je voudrais faire enregistrer mes bagages.	Ich möchte mein Gepäck aufgeben.
On aimerait aller dancer.	Wir möchten tanzen gehen.

Um den Konditional zu bilden, hängt man an den Infinitiv die Konditionalendungen an. Verben auf *-dre* verlieren dabei das *-e*. Im Deutschen wird der Konditional mit „ich würde / möchte ..., du würdest / möchtest ...", etc. wiedergegeben.

	sauter (springen)	*finir* (beenden)	*vendre* (verkaufen)
je	saut*erais*	finir*ais*	vendr*ais*
tu	saut*erais*	finir*ais*	vendr*ais*
il, elle	saut*erait*	finir*ait*	vendr*ait*
on	saut*erait*	finir*ait*	vendr*ait*
nous	saut*erions*	finir*ions*	vendr*ions*
vous	saut*eriez*	finir*iez*	vendr*iez*
ils, elles	saut*eraient*	finir*aient*	vendr*aient*

Eine Reihe von Verben erhält im Konditional einen neuen Verbstamm. An diesen neuen Verbstamm werden die regelmäßigen Konditionalendungen (*-ais*, *-ais*, *-ait*, *-ions*, *-iez*, *-aient*) angehängt.

Zu diesen Verben mit neuem Verbstamm gehören unter anderem:

aller	gehen	***ir-***	*avoir*	haben	***aur-***
devoir	müssen, sollen	***devr-***	*être*	sein	***ser-***
faire	machen	***fer-***	*pouvoir*	können	***pourr-***
savoir	wissen	***saur-***	*venir*	kommen	***viendr-***
vouloir	wollen	***voudr-***			

BEFEHLSFORM

Man unterscheidet zwei Formen: den bejahten Imperativ (für Aufforderungen oder Befehle) und den verneinten Imperativ (für Verbote).

Mange *cette pomme.*	Iss diesen Apfel!
Prenons *le train.*	Lasst uns den Zug nehmen!
Roulez *moins vite.*	Fahren Sie weniger schnell!

Am Ende des französischen Imperativsatzes steht kein Ausrufzeichen.

Die Formen des Imperativs werden vom Präsens abgeleitet. Das Subjektpronomen fehlt bei allen Formen. Bei den Verben auf *-er* fehlt das *s* der zweiten Person Singular (*tu*), das gilt auch für das Verb *aller* (gehen).

	(tu)	*(nous)*	*(vous)*
Verben auf *-er*	*Saute.*	*Sautons.*	*Sautez.*
	Spring!	Lasst uns springen!	Springt! / Springen Sie!
Verben auf *-ir*	*Finis.*	*Finissons.*	*Finissez.*
	Beende!	Lasst uns beenden!	Beendet! / Beenden Sie!
Verben auf *-dre*	*Vends.*	*Vendons.*	*Vendez.*
	Verkaufe!	Lasst uns verkaufen!	Verkauft! / Verkaufen Sie!

Imperativ von *avoir* und *être*:

	(tu)	*(nous)*	*(vous)*
avoir	aie	ayons	ayez
être	sois	soyons	soyez

Beim verneinten Imperativ wird das Verb im Imperativ von *ne ... pas* umschlossen.

Ne *prenons* ***pas*** *le train.*	Lasst uns nicht den Zug nehmen!

Satzbau

Die Reihefolge der Wörter im französischen Aussagesatz ist: Subjekt + konjugiertes Verb + Objekt. Ergänzungen wie z. B. adverbiale Bestimmungen zu Ort, Zeit, Art und Weise können am Anfang oder am Ende eines Satzes stehen, je nachdem, was man betonen möchte:

J'irai au cinéma **demain**. (Morgen gehe ich ins Kino.)

Demain, *j'irai au cinéma*. (Morgen gehe ich ins Kino.)

Im zweiten Beispiel wird die Zeitangabe *demain* (morgen) betont.

VERNEINUNG

Im Französischen besteht die Verneinung aus zwei Wörtern, die das konjugierte Verb oder das Hilfsverb (*être* (sein) oder *avoir* (haben) z. B. im *passé composé*) umrahmen. *Ne* wird vor Vokalen zu *n'* verkürzt.

Wichtige Verneinungen sind:

ne ... pas	*ne ... jamais*	*ne ... plus*	*ne ... rien*	*ne ... que*
nicht	nie	nicht mehr	nichts	nur

*Elle **n'**est **pas** à la maison.*	Sie ist nicht zu Hause.
*Je **ne** suis **jamais** allé(e) a Marseille.*	Ich war nie in Marseille.
*Je **ne** fume **plus**.*	Ich rauche nicht mehr.
*Nous **n'**avons **rien** trouvé.*	Wir haben nichts gefunden.
*Cet appartement **n'a que** deux pièces.*	Diese Wohnung hat nur zwei Zimmer.

Im gesprochenen Französisch wird *ne* häufig weggelassen: *Je sais pas.* (Ich weiß nicht.)

Die Verneinung *ne ... pas* bzw. *ne ... plus* bedeutet in Kombination mit *de* (bzw. *d'* vor Vokal oder stummem H) *kein*.

*Je **ne** mange **pas de** pain.*	Ich esse **kein** Brot.
*Je **n'ai plus** d'argent.*	Ich habe **kein** Geld **mehr**.

FRAGESATZ

Im gesprochenen Französisch gibt es zwei Möglichkeiten, eine Frage zu stellen:

1) Ein Aussagesatz wird als Frage intoniert (d. h. durch eine steigende Satzmelodie betont). *Il est vraiment parti ?* – Ist er wirklich abgefahren?

2) Der Fragesatz wird mit *est-ce que* konstruiert: ***Est-ce que** vous aimez le chocolat ?* – Mögen Sie Schokolade?

Präpositionen

Präpositionen sind Verhältniswörter, die verschiedene Wörter bzw. Wortgruppen verbinden. Die wichtigsten – sich auch im Sprachgebrauch vom Deutschen unterscheidenden – französischen Präpositionen sind: à, de, en, par, pour.

Im Folgenden erhalten Sie einen Überblick über deren wichtigste Grundbedeutungen.

Die Präposition *à*

– Ortsangaben (Städte und männliche Ländernamen bzw. Länder im Plural):

*J'habite **à** Paris.*	Ich wohne **in** Paris.
*Je vais **aux** USA.*	Ich fahre **in** die USA.

– Uhrzeitangaben:

*Le film commence **à** 20 heures.*	Der Film beginnt **um** 20 Uhr.

- Angabe eines Zeitraums:

Je travaille de lundi à vendredi.	Ich arbeite von Montag **bis** Freitag.

- Antwort auf die Frage *wo(hin)?*:

*Je vais **au** théâtre.*	Ich gehe **ins** Theater.

- Angaben der Art und Weise:

*un t-shirt **à** pois rouges*	ein T-Shirt **mit** roten Punkten

- vor dem indirekten Objekt (wem oder was? / Person oder Sachen):

*Elle doit téléphoner **à** ses parents.*	Sie muss ihre Eltern anrufen.

Die Präposition *à* verschmilzt mit dem Artikel *le* bzw. *les* zu einem einzigen Wort: *à* + *le* = ***au*** / *à* + *les* = ***aux***.

Die Präposition *de*

- Besitzangaben:

*C'est la voiture **de** mes parents.*	Das ist das Auto meiner Eltern.

- nach Mengenangaben:

*un litre **de** lait*	ein Liter Milch

- Angabe eines Zeitraums:

*Je travaille **de** lundi à vendredi.*	Ich arbeite **von** Montag bis Freitag.

- Antwort auf die Frage *woher?*:

*Ce vin est **de** Bourgogne.*	Dieser Wein ist **aus** dem Burgund.

Die Präposition *de* verschmilzt mit dem Artikel *le* bzw. *les* zu einem einzigen Wort: *de* + *le* = ***du*** / *de* + *les* = ***des***.

Die Präposition *en*

– Ortsangaben (weibliche Ländernamen und Regionen):

Nous allons en France, en Provence.	Wir fahren **nach** Frankreich, **in** die Provence.

– Zeitangaben (Dauer / Jahre, Monate):

J'ai fait mes devoirs en deux heures.	Ich habe meine Hausaufgaben **in** zwei Stunden gemacht.
Mon fils est né en 2008, en mars.	Mein Sohn ist 2008 geboren, **im** März.

– Materialangaben:

une chemise en soie	eine Seidenbluse

Die Präposition *par*

– Angabe von Durchgangsstationen:

Ce train passe par Lyon.	Dieser Zug fährt **über** Lyon.

– Angaben der Art und Weise:

par e-mail	**per** E-Mail

– distributive Funktion:

par nuit et par personne	**pro** Nacht und **pro** Person

– Angaben der Ursache:

par jalousie	**aus** Eifersucht

Die Präposition *pour*

– Richtungsangaben:

le train pour Nice	der Zug **nach** Nizza

– Angaben der Ursache:

pour excès de vitesse	**wegen** Geschwindigkeitsüberschreitung

– in der Bedeutung „für":

*Les fleurs sont **pour** toi.*	Die Blumen sind **für** dich.